일본어 유래 사전

(우리말 속 일본어 205가지 바로 알기)

일본어 유래 사전
(우리말 속 일본어 205가지 바로 알기)

초판 1쇄 발행 | 2021년 06월 28일

엮은이 | 김비인
감　수 | 다산교육콘텐츠연구소

펴낸곳 | 프리윌출판사
기　획 | 김형순
관　리 | 임인엽
사　진 | 박혜선
디자인·편집 | 김경진
홍보·마케팅 | 박혜린
전자책 | 김응환
주　소 | 경기도 고양시 덕양구 삼원로 3길 7 302호
전　화 | 031-813-8303　팩스 | 02-381-8303
E-mail | freewillpym@naver.com　yangpa6@hanmail.net

값 19,800원
ⓒ 프리윌출판사, 2021
ISBN 979-11-6455-005-0 01700

※ 이 책의 저작권은 다산교육콘텐츠연구소와 프리윌출판사 간의 독점계약으로 프리윌출판사가 소유합니다. 무단 전재와 복제를 금합니다.

※ 잘못 만들어진 책은 구입처에서 교환해 드립니다.

당신의 언어 품격은?

일본어 유래 사전

우리말 속 일본어
205가지 바로 알기

다산교육콘텐츠연구소 / 김비인

언어는 품격이다. 올바른 언어가 올바른 인품을 만든다.

프리윌

머리말

신은 왜 인간의 언어를 다양화하여 한국어, 일본어, 중국어, 영어, 프랑스어, 스페인어… 이렇게 국가마다 민족마다 다르게 만들었을까?

신의 영역에 닿기를 열망하는 인간이 높이 높이 탑을 쌓아올렸다. 노아의 대홍수에도 무너지지 않을 탑을 쌓는 것으로 신에게 도전했다. 그러자 분노한 신은 인간 무리의 언어를 서로 다르게 함으로써 도전을 차단했다. 그래서 인간은 족속마다 각기 다른 언어를 쓰며 뿔뿔이 흩어지게 되었다.

이것이 성경에 나오는 '바벨탑의 신화'이다. 신에 대한 도전이 실패로 돌아간 이후 인간은 각 민족이나 국가마다 서로 다른 언어를 쓰게 되었다.

그렇지만 신의 사랑은 항상 인간의 논리를 뛰어넘는다는 것을 전제로, 이것은 신의 징벌일까, 축복일까?… 어찌 생각하면 신이 인간의 언어를 흩어버린 덕분에 각 민족마다 나라마다 다양하고 풍부한 문화를 만들어낼 수 있었는지도 모른다.

살아 움직이는 언어를 맘대로 통제하고 조절하기란 쉽지 않다. 언어는 변화하는 생활양식과 단단히 결합되어 있기 때문이다.

이 책을 엮기 위해 정보를 수집하고 다듬는 과정에서도 그러한 점을 더욱 절실히 느꼈다. 말이 사라지는 것은 그 말과 결부된 문화가 사라지는 것이요, 말이 생성되는 것은 그 말과 결부된 문화가 생성되는 것이다.

우리나라 근현대사에서 일제 강점기는 우리의 정신과 물질 전반에 많은 영향을 끼친 시기이다. 이때 언어도 많은 변화를 겪었는데, 일본어가 자발적으로 혹은 강제로 우리말 속에 많이 스며들었다. 침략과 수탈에 의한 것이었기에 우리가 다른 문화권에서 들어온 외래어보다 더욱 배타적인 잣대를 들이대고 있는 것도 그러한 이유에서이다. 우리말 속에 스며든 일본어를 바로잡는 것은 단순히 반일감정을 넘어서서 민족 자존심을 회복하는 일과도 결부되어 있다.

지금까지 우리말 속에 스며든 일본어를 순화하기 위한 국립국어원이나 우리말운동본부 등의 활동은 생각보다 큰 효과를 거두지 못했다. 여러 가지 이유가 있겠지만, 앞서 말한 것처럼 말과 결부된 문화와 일상이 여전히 살아있기 때문이기도 하다. 또 다양한 직업군에서 쓰이는 일본어 투 말은 '끼리 문화'를 유지하려는 심리가 작용하기 때문이기도 하다.

인간은 언어로 사고하기 때문에, 말을 바꾸면 당연히 의식과 정신도 바뀐다. 일본어 순화운동은 그런 측면에서 매우 중요한 것이고, 이 책은 그러한 단초를 제공하자는데 목적이 있다. 무조건적인 반일감정으로는 그러한 일을 할 수 없다. 현실을 기반으로 한 사실 체크에서부터 시작하여, 객관적이고 이성적인 노력이 필요하다. 그래서 이 책은 우리말 속에 스며든 일본어의 어원과 유래, 문화적 배경, 쓰임새 등을 사실적으로 담아 개선의 기초가 되도록 하였다. 아무쪼록 이 책이 단순한 정보 전달 수준을 넘어 올바른 우리문화 수호의 작은 씨앗이 되기를 바란다.

엮은이 김 비 인

CONTENTS

ㄱ

가다~낑깡

001 가다	16	
002 가도	18	
003 가라	19	
004 가라오케	20	
005 가리	22	
006 가마니	23	
007 가방	25	
008 가보시	27	
009 가봉	28	
010 가부라	30	
011 가부시끼	31	
012 가오	33	
013 가오시	35	
014 가께모찌	36	
015 가꾸	37	
016 간발의 차이	38	
017 간수	39	
018 간지	40	
019 겐또	41	
020 겐세이	42	
021 겜빼이	43	
022 고구마	45	
023 고데	47	

024 고도리	48
025 고바이	49
026 고참	50
027 꼬붕	51
028 곤색	52
029 곤약	53
030 곤조	54
031 공구리	55
032 구두	56
033 구라	58
034 구루마	60
035 구찌	62
036 기도	64
037 기라성	66
038 기레빠시	68
039 기리까이	69
040 기마이	70
041 기모	71
042 기모찌	72
043 기스	73
044 기지	74
045 낑깡	75

ㄴ

나가리~니꾸사꾸

046 나가리	78
047 나라비	79
048 나시	80
049 나와바리	81
050 나카마	82
051 난닝구	84
052 낭만	85
053 냄비	87
054 노가다	89
055 노깡	91
056 니꾸사꾸	92

ㄷ

다구리~똔똔

057 다구리	96
058 다꽝	97
059 다대기	99
060 다데	100
061 다라이	101
062 다마	103
063 다마네기	104

064 다스	106
065 다시	107
066 다이	109
067 다찌마리	110
068 단꼬	111
069 단도리	113
070 단스	114
071 닭도리탕	115
072 당꼬바지	116
073 대끼리	118
074 대빵	120
075 땡깡	122
076 땡땡이가라	123
077 데모도	124
078 도꼬리	125
079 도끼다시	127
080 도라꾸	128
081 도란스	130
082 도비라	132
083 독고다이	133
084 돈가스	135
085 똔똔	137

ㄹ

라이방~레자

086 라이방	142		
087 레미콘	144		
088 레자	146		

ㅁ

마이~미싱

089 마이	150
090 마이가리	151
091 마이깡	152
092 마호병	153
093 마후라	154
094 만땅	156
095 맥고모자	157
096 머구리	158
097 모도시	159
098 모찌	160
099 모찌꼬미	162
100 몸빼	164
101 무대뽀	165
102 미쓰꾸리	167
103 미싱	168

ㅂ

바라시~삑사리

104 바라시	172
105 바리깡	173
106 바케쓰	174
107 바킹	175
108 빠꾸	176
109 반까이	177
110 베니다	178
111 백미러	179
112 벤또	180
113 보루	181
114 뽀록	182
115 뽀찌	183
116 부	184
117 부락	187
118 분빠이	189
119 삐까삐까	190
120 삐끼	191
121 삐라	192
122 삑사리	193

ㅅ

사라다~신쭈

123 사라다	196
124 사리마다	197
125 사바사바	199
126 샤부샤부	201
127 사시미	203
128 사이다	205
129 사쿠라	206
130 소라색	207
131 소보로빵	208
132 쇼당	209
133 쇼바	210
134 쇼부	211
135 수타	212
136 스뎅	213
137 스시	215
138 쓰끼다시	217
139 쓰나미	219
140 쓰리	221
141 쓰메끼리	222
142 쓰봉	223
143 시네루	225
144 시다바리	226
145 시로도	227
146 시마이	228
147 시아게	229
148 신삥	230
149 신쭈	231

ㅇ

아까징끼~이빠이

150 아까징끼	234
151 아나고	236
152 아다리	238
153 아도	239
154 아싸리	240
155 아시바	241
156 아이롱	242
157 앙꼬	243
158 야끼만두	245
159 야리꾸리	246
160 야마	247
161 야매	249
162 야지	250
163 애매	251
164 애자	253
165 에리	254
166 엑기스	255
167 엥꼬	256

168 오뎅	257
169 오봉	258
170 오야붕	260
171 와꾸	262
172 와리깡	263
173 와리바시	265
174 와사비	267
175 와이로	269
176 왔다리갔다리	271
177 요이 땅!	273
178 요지	274
179 우라	275
180 우라까이	276
181 우와기	278
182 유도리	279
183 이빠이	281

ㅈ

자꾸~진검승부

184 자꾸	286
185 자부동	288
186 짬밥	289
187 짬뽕	291
188 지리	293
189 진검승부	294

ㅊ

천정~추레라

| 190 천정 | 298 |
| 191 추레라 | 299 |

ㅋ

캄프라치~쿠사리

| 192 캄푸라치 | 302 |
| 193 쿠사리 | 303 |

ㅌ

타이루~타짜

| 194 타이루 | 306 |
| 195 타짜 | 307 |

ㅍ

(없음)

ㅎ

하꼬방~히야시

196 하꼬방		310
197 함바집		311
198 혜존		312
199 호리꾼		314
200 후까시		315
201 후루꾸		316
202 히로뽕		317
203 히마리		319
204 히야까시		321
205 히야시		322

일본어 유래 사전

가다 ~ 낑깡

가다	가꾸		
가도	간발의 차이		
가라	간수		
가라오케	간지		
가리	겐또		
가마니	겐세이	곤약	기레빠시
가방	겜빼이	곤조	기리까이
가보시	고구마	공구리	기마이
가봉	고데	구두	기모
가부라	고도리	구라	기모찌
가부시끼	고바이	구루마	기스
가오	고참	구찌	기지
가오시	꼬붕	기도	낑깡
가께모찌	곤색	기라성	

001
가다

깡패, 불량배

가다는 깡패나 불량배를 가리키는 속어로 쓰이기도 하고, 특정 형태의 물건을 만들 때 기본이 되는 금속이나 흙, 콘크리트, 종이 등으로 된 형틀을 일컫는 말로 쓰이기도 한다.

이 말은 우리말이 아니고, 일본어 가타かた를 우리식 발음으로 변형해서 쓰는 경우이다. 일본어 가타かた를 한자로는 '어깨 견 肩'자와 '틀 형型'자를 써서 견형肩型으로 표현한다.
우리가 깡패나 불량배를 가리켜 '가다'라고 부르는 것도 바로 이 '어깨'라는 뜻 때문이다. 깡패들은 어깨가 딱 벌어지고 주먹을 잘 쓰는 것이 특징이기 때문에 그런 별칭이 붙은 것으로 추정된다.

국어사전은 '가다'라는 속어를 '어깨의 잘못'으로 규정하고 있다.

가다라는 말이 '형틀' 또는 '거푸집'이란 뜻으로 쓰일 때는 단독으로 쓰이기도 하고, 같은 뜻인 '와꾸ねく'와 합쳐서 '가다와꾸'라 하기도 하는데, 이는 '역전앞'과 같은 이중 표현이다.

형틀, 거푸집

가다와꾸란 말은 주로 공사현장에서 많이 쓰이며, 우리나라 건설 기술이 주로 일본으로부터 전수되었기 때문이다. 의학용어에 영어가 많고, 건설 용어에 일본어가 많은 것은 모두 기술전수 과정에서 생겨난 결과이다.

사용 예

- "백주 대낮에 가다들이 막 설치고 다니면서 위화감을 조성하는데 경찰은 뭐 하는지 모르겠어."

- "가다 잘 살펴보고 틀어지지 않게 조심하세요."

002
가도

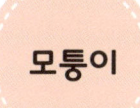
모퉁이

국어사전은 '가도'를 '건설현장에서 은어처럼 사용되는 말로써, 모서리를 의미하는 말'이라고 설명하고 있다.

가도는 일본어 카도かど에서 유래한 말로 원뜻은 '물건의 모서리 부분' 또는 '길이 구부러지거나 꺾여 돌아간 자리'이다. 그것을 우리가 '가도'로 발음하면서 모서리 또는 모퉁이를 일컫는 말로 쓰고 있는 것이다.

보통 길모퉁이에 위치한 집을 '가도집'이라 부른다. 이 말은 일본어 '가도かど'와 우리말 '집'을 합쳐서 만든 합성어이다.

원래 모퉁이집은 정면과 측면이 다 보여 상가로는 적격이다. 이렇게 모퉁이 건물이 인기를 끌게 되자, 건축업자들과 부동산업자들 사이에 '가도집'이란 말이 많이 쓰이게 되었고, 그 영향으로 가도かど란 말도 우리 일상 속에 깊이 파고들었다.

사용 예
- "가도는 칠이 잘 안 먹히니까 붓질을 여러 번 해야 한다."
- "신도시 B블록에 가도집을 지을만한 땅이 딱 한 군데 남아 있는데, 경쟁이 치열해서 선점하는 게 유리합니다."

003
가라

무언가 진짜가 아닌 것을 꼬집을 때 '가라'라
는 표현을 쓰곤 한다. 이를테면 교통사고 후
다치지도 않았는데 보험금을 노리고 병원에
누워 환자 행세를 하는 사람을 '가라환자' 또
는 '나이롱환자'라 하고, 있지도 않은 경력을
집어넣어 만든 이력서를 '가라이력서'라고 한다.
그런가하면 인테리어나 의상 분야에서는 가라를 '바탕', '무늬'
라는 뜻으로 사용한다. 점박이무늬 치마를 '땡땡가라 치마'라 부
르기도 하는데, 이때 가라는 바탕 또는 무늬를 뜻한다.

가짜

무늬

이처럼 우리말 '가짜' 또는 '무늬'를 대신해서
쓰는 속어 '가라から, 空'는 일본어로 '빈 것',
'헛것'이란 뜻이다.

우리말 속어 중에 가라와 비슷한 말로 '짝퉁'이 있다. 이 말은 주
로 명품을 본뜬 가짜 상품을 가리킬 때 쓰는 반면 가라는 좀 더
광범위하게 쓰이는 말이다.

국어사전은 '가라'를 '가짜를 속되게 이르는 말'로 정의하고 있다.

사용 예
- "마감 시간 다가오니까 일단 제안서 가라로라도 만들어서 보내자."
  "아무리 그래도 가라는 안 돼요. 이번엔 포기하고 다음번에 제안하기로 해요."
- "봄이니까 땡땡가라 옷이 어울릴 거 같은데 어떻게 생각해?"

004
가라오케

무인 오케스트라

가라오케는 일본 사람들이 만든 말로, 가짜를 가리키는 말 '가라から: 空'와 영어 '오케스트라orchestra'를 합쳐서 만든 합성어이다. 가짜 오케스트라, 즉 무인 오케스트라라는 뜻이다.

일본에서 이 말은 처음에는 반주만을 녹음하여 그것에 맞추어 노래하기 위한 테이프나 디스크 또는 그 연주 장치를 가리키는 말이었다. 그러다 기계식 가요반주기가 개발되자 그것을 가리키는 말로 바뀌었다.

국어사전은 '가라오케'를 '노래는 들어있지 않고 반주만 들어있는 음반이나 테이프 또는 그것을 트는 장치, 가짜 오케스트라라는 뜻의 일본식 조어'로 규정하면서 '노래방'이나 '녹음반주'로 순화해서 쓸 것을 권하고 있다.

1980년대에 일본의 기계식 가요반주기가 항구도시인 부산에 먼저 상륙했고, 유흥가를 중심으로 전국적으로 퍼져나갔다. 사람들은 새로운 반주기계에 흥미를 가졌으며, 음주가무를 즐기는 한국 사람들에겐 안성맞춤인 문화로 재탄생했다. 그것이 노래방의 시작이다.

기계식 가요반주기

20 우리말 속 일본어 205가지 바로알기

그 후, 가라오케는 노래방과 다른 영업 형태를 가리키는 용어로 변화했는데, 강남의 압구정과 청담동을 중심으로 하는 술집의 한 형태를 일컫는 말이 되었다.

접대부가 나오는 술집으로는 단란주점과 가라오케와 룸살롱이 있다. 그중에 가라오케는 단란주점보다는 비싸고, 룸살롱보다는 저렴한 술집을 이르는 말로 자리 잡았다.

사용 예

- "난 라이브보다 가라오케 반주에 맞춰 노래 부르는 게 더 좋아."

- "2차는 청담동 가라오케로 갑시다."
  "네, 부장님. 제가 잘 모시겠습니다."

005
가리

빌리거나 외상을 하는 행위

가리는 우리나라 젊은 층이 많이 쓰는 말로, 남의 것을 빌릴 때나 외상을 할 때 '가리하자.'라고 한다. 요즘은 뜻이 확장되어 빌린 것을 갚지 못할 경우 다른 것으로 대체할 때도 '가리'라는 표현을 쓴다.

가리かり, 借り는 일본어로 '빌림', '빚을 냄'이라는 뜻인데, 우리가 그것을 그대로 가져와 속어로 쓰는 경우이다. 주로 화투나 포커게임 등을 하다가 상대에게 돈을 주어야 하는데 그러지 못할 때 '가리하자'라고 한다. 또 무엇을 먹거나 산 뒤 외상을 할 때도 '가리하자.'라고 한다.

공사 현장에서는 어떤 말 앞에 접두어로 '가리'라는 말을 쓰는데, 이때는 '임시'라는 뜻이다. 이를테면 '가리고야'는 공사기간 중 현장에 임시로 설치하는 가건물을 뜻한다.

임시

국어사전에는 '가리'라는 말이 나와 있지 않다.

사용 예

- "그 자식 나한테 빚졌거든. 돈 없다고 끝까지 가리하자고하기에 어쩔 수 없이 봐줬지."
- 가리가코이 : 공사현장에 임시로 설치하는 울타리
- 가리지끼 : 임시 깔기

22 우리말 속 일본어 205가지 바로알기

— 006 —
가마니

볏짚 용기

볏짚을 추려 날과 씨로 엮어 만든 자루를 가마니라고 한다. 그런데 이 말이 순 우리말 인줄 아는 사람들이 많다. 그러나 가마니는 일본어 '가마스かます'에서 유래한 말이다. 가마스かます는 '틈이 나지 않도록 끼우다'라는 뜻을 가지고 있다.

국어사전은 '가마니'를 '곡식이나 소금 따위를 담기 위하여 짚을 돗자리 치듯이 쳐서 만든 용기'라고 정의하고 있다.

일본에서 가마니틀을 들여오기 전, 우리나라에서는 '섬'을 만들어 썼다. 볏짚을 성글게 엮어 만든 섬은 가마니에 비해 곡식을 많이 담을 수 있으나 날과 씨의 틈이 느슨하여 작은 낟알이 새는 단점이 있었다. 반면 가마니는 날과 씨 사이가 촘촘하여 낟

알이 작은 곡식이라도 담을 수 있고, 한 사람이 들기에도 적당했다. 그래서 1908년, 농기구개량사업의 일환으로 일본에서 풍구, 낫, 괭이 등과 함께 가마니 짜는 틀도 들여와 가마니를 제작하기 시작했다.

가마니는 일본의 동양척식주식회사가 한국에서 일본으로 식량을 강탈해가는 도구로도 쓰였다. 그 후 산업화 시대에는 정부의

장려로 각 농가마다 농한기를 이용해 가마니 짜기 부업을 실시했으며, 정부가 이를 수매하기도 했다.

근래에는 마대, 비닐포대, 종이부대 등에 밀려 가마니의 사용량이 미미하다.

사용 예

- "가마니가 순 우리말인 줄 알았는데 일본말에서 유래했군요?"
- "부두에서 새빠지게 볏가마니를 일본 수송선에 실었지. 그게 다 일본 놈들 배불리는 일인 줄도 모르고 말이야."

007
가방

국어사전은 '가방'을 '물건을 넣어 들거나 메
고 다닐 수 있게 만든 용구. 가죽이나 천, 비
닐 따위로 만든다.'라고 규정하고 있다. 그
러면서 이 말이 네덜란드어 카바스kabas에
서 유래하여 일본어 '가반かばん'으로 변한 다

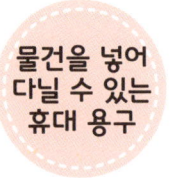

물건을 넣어
다닐 수 있는
휴대 용구

음, 그것이 한국어 가방으로 바뀌었다고 설명하고 있다.

그러나 가방의 최초 어원은 네덜란드어가 아니라 중국어일 가
능성이 더 높다.
일본어사전은 가반かばん이 중국어 협판夾板 혹은 협만夾槾에서
유래했다고 설명하고 있다. 즉 일본 명치시대明治時代에 무두질
하여 부드럽게 한 가죽이나 삼으로 짠 두꺼운 직물 주머니를 가
반이라 불렀는데, 이는 중국어 협판夾板-중국발음 캬반에서 유래했
다는 것이다.

이것을 보면 가반夾板의 최초 어원은 중국어이며, 이 말이 일본
으로 건너가 '가반かばん, 鞄'으로 불리다가 일제 강점기에 우리나
라에 들어와 가방으로 변한 것으로 보인다.

참고로 가방은 중국어로는 캬반, 일본어로
는 가반, 러시아어로는 카반, 한국어로는 가
방이다.

이처럼 물건을 담아 휴대하고 다니는 용구를 비슷한 발음으로
부른다는 건 그 뿌리가 하나일 가능성이 높다는 얘기다.

사용 예

• "가방이 우리나라 말이 아니라고?"
  "그렇다니까"
  "의외인데!"

— 008 —
가보시

앞쪽에도 굽이 있는 신발을 가보시 힐, 가보
시 샌들, 가보시 부츠 등으로 부른다. 가보시
신발은 뒷굽만 높은 신발보다 발목이 꺾이는
정도가 덜해 발에 무리가 가지 않으면서 예
쁘고 멋이 있어 여성들에게 인기가 있다.

앞쪽에도 굽이 있는 신발

가보시는 일본어 '카부시'에서 유래한 말이다. 일본어 동사 카
부스かぶす,傾는 '머리 쪽을 경사지게 하다'라는 뜻이고, 그 명사
형이 카부시이다. 이 '카부시'를 한국 사람들이 '가보시'로 발음
하며 신발 용어로 사용하는 것이다.

앞쪽도 높은 하이힐

표준국어사전에는 '가보시'라는 말이 없고,
오픈 국어사전에 '가보시힐'이 '높은 굽으로
제작된 힐 중에서 앞굽을 높임으로써 발목
의 부담을 덜어주는 형태의 구두를 말한다.'
라고 정의되어 있다.

사용 예

- "주말에 친구 결혼식이 있어서 높은 구두를 신고 가고 싶은데 하이힐은 발목이
  많이 아파. 어떡하지?"
  "그럼 가보시힐 신고 가. 가보시는 발목이 덜 아파."

009
가봉

**시침
바느질**

가봉은 마름질한 천을 시침바느질해서 입
어보고, 맞지 않는 곳을 보정하는 과정을
말한다.
옷을 맞출 때 몸에 잘 맞는지 입어보는 것을
영어로는 피팅fitting이라 하는데 가봉은 이
과정까지 포함한다.

가봉이란 말은 일본어 '가리누이かりぬい'의 한자 표기 가봉假縫을
우리말화 해서 쓰는 것이다. 일본어로 가리かり는 '임시'라는 뜻
이고, 누이ぬい는 '박음질'이란 뜻이다. 따라서 가리누이かりぬい
는 '임시박음질', 즉 시침바느질을 말한다.

국어사전은 '가봉'을 '양복 따위의 옷을 완성하기 전에 몸에 잘
맞는가를 보기 위하여 임시로 듬성듬성하게 대강 호아서 하는
바느질'로 규정하면서 '시침바느질'로 순화할 것을 권하고 있다.

1895년(고종 32년) 단발령이 내려지면서 양복의 착용이 공인되
었다. 외교관들이 서양의복 착용에 앞장섰는데 신사유람단 중
한 명인 서광복이 요코하마 양복점에서 최초의 양복을 맞춰 입
었다.
1910년 합일합방으로 '양복은 곧 매국의 상징'이라고 여기는 분
위기가 생겨났다. 그러나 이미 시작된 신문물의 조류를 막을 수

는 없었다. 1920년대부터는 서울을 비롯한 평양, 부산 등 대도시에 양복점이 속속 생겨나기 시작했다.

우리나라 최초의 맞춤 양복점은 일본인 하마다가 서울 광화문에 개점한 '하마다 양복점'이다. 이 양복점은 양복 공인 후 점차 규모를 갖춘 양복점으로 번창해 한인 기술자들도 많이 양성해냈다. 이때부터 옷을 완성하기 전에 몸에 맞는지를 재어보고 다시 보정하는 과정을 '가봉'이라 부르게 되었다.

임시 박음질

오늘날에도 패션업계에서는 '시침질'이나 '시침바느질'이란 말보다는 가봉이란 말을 더 많이 쓰고 있다.

사용 예

- "대통령 신체 사이즈를 전달받아 옷을 제작했는데, 가봉 과정에서 맞지 않는 일이 발생했다. 그래서 디자이너들이 직접 청와대를 방문해서 대통령의 신체를 정확히 재고 옷을 만들었다."

010
가부라

가부라는 양복의 소매 끝이나 바지 밑단을 바깥으로 접어 처리하는 마름질 방식을 말한다.

이 말은 '뒤집어 쓴 것' 또는 '덮어 쓰는 것'이라는 뜻의 일본어 '가부리*かぶり*'에서 유래했다. 우리가 가부리를 가부라로 발음하면서 여성용 정장 바지나 남성용 양복바지 끝단 처리 방식을 일컫는 말로 사용하는 것이다.

국어사전은 '가부라'를 '소맷부리나 바짓부리를 접어 올린 부분'이라고 정의 하면서 '접단'이나 '단접기'로 순화할 것을 권하고 있다.

우리나라 서양 복식服飾은 좋든 싫든 일본의 영향을 많이 받았다. 양복과 양장이 일본을 통해 들어오는 바람에 복식 또는 봉제 용어

단접기

중에 유독 일본말이 많다. 가부라도 그 중 하나이다. 봉제나 인쇄업계에서 일본말을 쓰면 뭔가 더 전문가다운 느낌이 난다는 인식 때문이다.

사용 예

• "손님, 단이 남는데 가부라로 모양을 좀 낼까요?"
  "아뇨. 단접기 안 해도 돼요. 그냥 잘라서 안으로 박아주세요."

011
가부시끼

보통 여럿이 함께 음식을 먹고 나서 비용을
갹출하거나 나누어서 내자고 할 때 '가부시
끼하자!'라고 말한다.
가부시끼라는 말은 일본어 카부시키かぶしき
를 변형해서 쓰는 것인데, 이는 어원과는 좀
다른 의미로 사용되는 것이다.

각자부담

일본 사람들은 몇 명이 돈을 모아서 자본금을 댈 때, '카부한다'
라는 표현을 쓴다. 카부시키かぶしき는 여기서 유래한 말로, 원
래는 주식株式이란 뜻이다. 지금도 일본 사람들은 주식을 뜻하
는 말 '카부시키かぶしき'를 줄여서 '카부株. かぶ, 株'라고 한다.
우리나라에서도 비공식적으로 투자를 하거나 사회적으로 바람
직하지 못한 곳에 자본금을 대는 것을 '카부한다'라고 말하기도
한다. 그렇다고 일본어의 원 뜻에 부정적인 의미가 담겨있는 것
은 아니다.

**나눠
내기**

이처럼 '주식'이란 뜻의 일본말 카부시키가
우리나라에 들어와 '가부시끼'로 발음되면서
'각자부담'이란 의미로 굳어졌는데, 정작 일
본말로 '각자부담'은 '와리깡わりかん'이다.

오픈국어사전은 '가부시끼'를 '주식을 뜻하는 일본어 카부시키

에서 유래되었는지는 모르나, 주식이라는 의미와는 전혀 다르며, 먹는 일이나 어려운 일 따위를 갹출하거나 힘을 모아서 하는, 나눠 내기, 나눠하기의 뜻으로 변형된 말이다.'라고 설명하고 있다.

사용 예

• "각자 주머니 사정이 안 좋을 테니 오늘 회식비는 가부시끼로 합시다."
"좋습니다. 누가 혼자 내는 건 부담이 커요. 각자부담이 딱 좋겠어요."

012
가오

체면

누군가의 체면을 세워줄 때, '가오 세워준다'라는 표현을 쓴다. 또 누군가가 허세를 부리며 잘난척하는 모습을 보고 '가오다시 하지 마라'라는 표현을 쓰기도 한다. 여기서 '가오'는 모두 일본말이다.

일본말로 '가오かお'는 원래 '얼굴'이란 뜻인데, 우리나라에 들어와 '체면' 또는 '폼'이라는 뜻으로 바뀌어 광범위하게 쓰이고 있는 것이다.

다방이 성행하던 1970~80년대에는 각 다방마다 '가오마담'이 있었다. 말 그대로 '얼굴마담'인데, 곱게 화장을 하고 웃는 얼굴로 손님을 맞이하곤 했다. 영화나 드라마 시대극을 보면 가오마담이 손님 옆에 앉아 커피에 설탕과 프림을 타주며 대화에 장단을 맞추는 것을 볼 수 있다. 지금은 커피숍에 밀려 사라졌지만 다방이 만남의 장소이자 동네 사랑방 역할을 하던 때에 가오마담은 비중 있는 존재였다.
이처럼 '가오마담'에서 만큼은 '가오'가 일본말 그대로 '얼굴'이란 뜻으로 쓰였다.

국어사전은 '가오'를 "폼form을 속되게 이르는 말. 일본어에서 얼굴 또는 표정을 뜻하는 가오かお, 顔. 한국에서 '가오를 잡다'는

얼굴

본래 '얼굴표정을 관리하다'였지만 오늘날 그 뜻이 '폼 잡다'라는 뜻이 됨"이라고 설명하고 있다.

사용 예

• "그 자식 가오다시 하는 꼴이 보기 싫어. 그래서 난 거기 가기 안 가."

• "그래도 가오가 있지. 내가 그 일을 어떻게 하냐?"
  "아이고, 가오 따지다가 굶어 죽습니다."

013
가오시

가오시는 주로 당구 게임에서 쓰는 용어로, 일단 내 공으로 상대의 공을 맞춰서 다음 번에 치기 좋도록 모은다는 뜻이다.

모아치기

이 말은 일본어 가야시かやし에서 온 말로, 가에스かやす가 기본형이며 '되돌리다'라는 뜻이다.

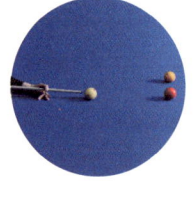

가오시를 영어로는 게더 샷Gather Shot이라고 하며, 우리말로는 '모아치기'로 순화할 수 있으나 국어사전에는 '가오시'란 말이 나와 있지 않다.

당구에서 가오시를 다른 말로 요세다마よせだま라고도 하는데, 이 때 요세よせ는 '끌어 모음'이란 뜻이다.

사용 예

• "일단 가오시 해라. 그런 다음 오른쪽 다마에 시네루를 먹여!"

014
가께모찌

겹치기

가께모찌는 '겹치기' 또는 '겸임'이라는 뜻의
일본어 가케모치かけもち,掛持를 발음만 다르게
할 뿐, 뜻은 그대로 가져와 쓰는 경우이다.

이 말은 연예계와 사건기자들 사이에서 많
이 쓰이는 용어로, 배우가 두 영화에 동시에 출연하거나 가수가
겹치기로 밤무대를 뛰는 경우, 또는 사건기자가 두 가지 일을
겸하거나 두 분야를 함께 담당하는 경우도 가께모찌라는 표현
을 쓴다.

국어사전에는 '가께모찌'란 말이 나와 있지
않고, 일본어사전에는 '가케모치かけもち'가
'(두 가지 이상의 일을) 겸해서 담당함', '겸
임', '겸무', '겹치기'등으로 설명되어 있다.

겸임

사용 예

- "1980년대에는 인기 연예인이나 가수들이 밤무대 가께모찌 출연으로 엄청난 수입
을 올리기도 했었지."

- "김 기자 왜 그렇게 피곤해보여?"
"강 기자가 그만두는 바람에 제가 사회부 취재까지 가께모찌 하잖아요."

015
가꾸

가꾸는 주로 건축 현장이나 미술 표구 분야
에서 많이 쓰이는 말로, '틀'이나 '액자'를 일
컫는 속어이다.

이 말은 '모난 것' 또는 '액자'라는 뜻의 일본
어 가꾸がく를 그대로 가져다 쓰는 경우인데, 국어사전은 '건설
현장에서 은어처럼 사용되고 있는 말로써, 틀이나 액자 등을
의미하는 말'이라고 설명하고 있다.

가꾸라는 말은 단독으로 쓰이기도 하지만
가꾸 뒤에 다른 말을 붙여 쓰는 경우도 많
다. 이를테면 네모반듯하게 떠낸 석재를 '가
꾸세끼かくせき'라고 하는 것이나, 각목角木을
'가꾸목かくざい'이라고도 하는 것, 그림이나
서예 작품을 표구할 때 '가꾸부찌がくぶち'로 해달라는 것 등이 그
예이다.

사용 예

• "이 그림 표구해서 가꾸에 넣어 주세요."

• "현관 앞에 깔 돌은 가꾸세끼로 하는 게 좋겠어요."

016
간발의 차이

아주 작은 차이

올림픽경기 등 각종 대회에서 아깝게 지거나 간신히 이긴 경우 '간발의 차이로 졌다' 또는 '간발의 차이로 이겼다'라는 표현을 쓰는 것을 볼 수 있다.

'간발間髮의 차이差異'라는 말은 글자 그대로 '머리카락 하나 만큼의 차이'라는 뜻으로, 국어사전은 '서로 엇비슷할 정도의 아주 작은 차이'라고 설명하고 있다.

'간발의 차이'라는 말은 일본식 한자어 간하쯔かんはつ, 間髮에서 유래했다. 일본 사람들이 중국의 사자성어 간불용발間不容髮에서 간발間髮을 차용하여 '간발의 차이'란 말을 만든 것인데, 간불용발은間不容髮은 '머리카락 하나 들어갈 틈도 없다'라는 뜻이다.

'간발의 차이'와 같은 의미의 우리말 표현은 '종이 한 장 차이', '터럭 하나 차이' 등이 있다.

터럭 하나 차이

사용 예

• "어제 한일전 축구경기에서 우리나라가 접전 끝에 간발의 차이로 이겼습니다. 태극 전사들이 투혼을 발휘해서 거둔 신승입니다."

38 우리말 속 일본어 205가지 바로알기

017
간수

흔히 죄수들을 감독하고 지도하는 공무원을 '간수'라고 한다.

'간수かんしゅ, 看守'는 일본말로써, 일제 강점기 때 일본인들이 쓰던 말을 그대로 사용하는 것이다.

우리말에서 어떤 물건을 '잘 간수해라', '꼭 간수해라' 할 때도 '간수看守'라는 말을 쓰는데, 이것도 일본인들이 우리나라 죄수들을 인격체가 아닌 물건쯤으로 대우한 데서 기인한 말이다.

교도관

국어사전은 '간수'를 '교도관의 전 용어', '철도의 건널목을 지키는 사람'이라고 설명있다.

요즘은 간수를 교도관矯導官 또는 교정공무원으로 순화해서 쓰고 있지만, 일부에서는 아직도 '간수'라는 말을 그대로 쓰고 있는데 시정해야 할 사안이다.

사용 예

- "간수의 눈을 피해서 우리는 만세를 불렀지. 간수들이 쫓아와서 감방 문을 열고 몽둥이질을 해도 우리는 멈출 수가 없었어."

018
간지

멋

간지かんじ는 '느낌'이란 뜻의 일본어이다. 이 말이 우리나라에서는 '멋'이라는 의미의 속어로 쓰이고 있다.

영화나 연극, 드라마, 패션업계에서 먼저 쓰였는데, 특히 영상물 제작에서 '간지 난다'라는 표현은 제작자가 의도한 느낌이 살아난다는 뜻이다. 그 말을 텔레비전에 나온 연예인들이 자주 사용하면서 자연스럽게 대중들에게 전파되었다.

유명 연예인이 자신만의 개성적인 멋을 풍길 때, 그 사람의 이름 첫 글자를 따서 '~간지'라 부르기도 한다.

맵시

'간지난다'를 우리말로 표현하면 '멋지다' 또는 '맵시난다'로 표현할 수 있다. '간지난다'와 비슷한 표현으로는 '뽀대난다'와 '폼난다'가 있는데, 정작 일본사람들에게는 '간지난다'라는 말이 통하지 않는다.

속어이기 때문에 국어사전에는 '간지'라는 말이 나와 있지 않다.

사용 예

- "야, 저 주전자 너무 새 거야. 소품을 60년대처럼 간지 좀 내봐."
  "우그러뜨리고 긁어서 가져 왔습니다."
  "아이고, 이제야 좀 간지가 나네!"

40 우리말 속 일본어 205가지 바로알기

— 019 —
겐또

겐또는 학생들이 많이 쓰는 은어이다. 이 말
은 일본어 켄토우けんとう, 見当를 우리식으로
발음하면서 '어림짐작', '가늠', '예상', '통밥'
등의 의미로 쓰고 있는 것이다.

어림짐작

시험을 볼 때, 사지선다형은 4개의 보기 중에서 하나를 선택하
는 방식이다. 이 때 정확하지는 않지만 이것이 답일 것이라고
예상해서 선택하는 행위를 '겐또 친다'라고 표현한다.
우리말로 하면 '어림짐작으로 맞춘다'이지만, 국어사전에는 '겐
또'라는 말이 나와 있지 않다.

가늠

요즘은 시험을 볼 때, 객관식보다는 사고를
요하는 논술형 출제 방식이 많아졌다. 이에
따라 겐또라는 말도 예전보단 덜 쓰이고 있
다. 하지만 한국영화 〈바람〉에서 주인공 정
우가 '겐또 쳐도 200점은 받을 수 있다.'라
고한 대사 때문에 한때 겐또라는 말이 유행한 적도 있다.

사용 예

• "시험 잘 쳤나?"
  "아니, 엉뚱한 부분을 공부해서 이번엔 대부분 겐또 쳤거든. 이번 시험 망쳤어."

41

020
겐세이

고의적인 방해

'고의적으로 방해하다', '원활하지 못하게 견제하다'라는 뜻의 겐세이는 일본말 겐세이けんせい를 그대로 가져와 쓰는 경우이다. 처음에는 주로 당구 용어로 쓰이다가 일반에까지 사용이 확장된 말이다.

당구게임에서 겐세이는 상대가 치는 걸 지능적으로 견제·방해하는 것을 말하는 은어이다. 즉, 당구를 칠 때 내 공이 상대 공의 진로 방향을 방해하도록 하는 행위를 '겐세이'라고 한다.

국어사전은 '겐세이'를 '견제를 속되게 이르는 말. 주로 당구에서 쓰였으나 요즘은 게임에서도 자주 사용된다.'라고 설명하고 있다.

우리말 '견제'나 '방해'가 있는데 사람들이 굳이 '겐세이'라는 말을 쓰는 이유는 뭔가 좀 더 고의적이고 속된 느낌을 주기 때문이다.

부당한 견제

사용 예

- "저 자식, 자기가 지게 생겼으니까 겐세이 놓는 거 좀 봐."
- "나 그 여자하고 잘해볼 작정이니까 질투난다고 겐세이 놓지 마라."

42 우리말 속 일본어 205가지 바로알기

— 021 —
겜빼이

당구용어 겜빼이는 '편을 갈라 치는 게임'이
라는 뜻이다. 이 말은 '편 가르기'란 뜻의 일
본어 겐페이げんぺい에서 유래했다.

편을 갈라
치는 게임

두 명 이상이 편을 나눠서 하는 놀이를 일본
인들은 '겐페이'라고 하는데, 그 말을 우리가 겜빼이로 발음하
면서 '편을 갈라 치는 게임'이란 뜻으로 사용하는 것이다.

겐페이げんぺい를 한자로 표기하면 '源平'인데, 이 말에는 일본의
치열한 역사적 배경이 깔려있다.
일본 헤이안 시대가 끝나가는 12세기 말, '미나모토源'와 '다이
라平'라는 두 무사 가문이 패권을 다툰 '겐페이전투源平戰鬪'가 있
었다. 두 가문은 자기 가문의 상징으로 각각 붉은색과 흰색 깃
발을 사용했다. '겐지源氏'와 '헤이케平家'라고도 불리는 두 가문
의 대립은 한쪽이 빛을 더해 가면 다른 한쪽이 퇴조해버리는,
일본 역사상 가장 뚜렷하고도 치열한 패권 싸움이었다.

우리가 운동회에서 청팀과 백팀으로 나누어 우열을 겨루는 것
도 이 일본의 무사 가문 대립에서 유래했다. 지금은 청팀과 백
팀으로 나누지만 일제강점기에는 겐페이의 유래에 따라 홍군과
백군으로 나누었다.

43

일본에서는 매년 섣달 그믐날 NHK 방송에서 유명 가수들이 총출동하여 홍백전을 펼치는데 이것의 명칭도 '겐페이 시아이源平試合'이다.

이런 역사적 배경을 가진 겐페이げんぺい란 말이 우리나라에 들어와 당구용어로 쓰이면서 '편을 갈라 치는 게임'이란 속어가 된 것이다.

속어이기 때문에 국어사전에는 '겜뻬이'란 말이 나와 있지 않다.

사용 예

• "네 명이니까 겜뻬이로 하자. 진 팀이 게임 비 내는 거다."
"에이, 그냥 형이 게임비 내요."
"그래도 겜뻬이가 재밌지. 승부 없이 뭔 재미로 당구 치냐?"

022
고구마

메꽃과
넝쿨식물의
뿌리 열매

뜻밖에도 '고구마'라는 말은 한국말이 아니고, 일본어에서 유래한 것이다.

조선 순조 때의 한글학자이며 〈언문지諺文志〉의 저자인 유희柳僖가 여러 가지 사물들을 한글로 설명한 책 〈물명고物名攷〉에 '고금아'라는 말이 처음 나온다.

고구마를 한자로는 '효자마孝子麻'라고 한다. 이러한 효자마를 대마도 사람들이 '고오꼬오이모こうしま'라고 읽었는데, 우리나라 사람들이 이를 차용하여 '고코마' 또는 '고쿠마'로 변형하여 부르다가 '고금아'를 거쳐 '고구마'로 정착시킨 것이다.

국어사전은 '고구마'를 '메꽃과의 다년초로, 뿌리는 식용으로 씀'이라고 규정하면서 "원래 중미中美 지역이 원산지로 일본 대마도를 통해 처음으로 우리나라에 전해졌으며, 고구마란 이름도 그때 함께 들어왔다. 대마도에서는 고구마를 '고오꼬오이모'라고 했으며, 여기서 '고오꼬오'는 효행孝行의 일본말이다. 그리고 '이모'는 우리말 '감자'에 해당한다. 대마도의 가난한 백성이 병약한 부모를 고구마로 봉양했다고 하는 설에서 생겨난 이름이 '고오꼬오이모'이다. 그리고 이 말이 우리나라로 건너와 지금의 고구마라는 말이 되었다."라고 설명하고 있다.

효행저
(孝行藷)

실제로 고구마는 1763년 일본에 통신정사로 갔던 예조참의 조엄이 대마도로부터 부산진으로 가져와 재배하기 시작한 것이 처음이다. 원래 고구마는 멕시코가 원산지인데, 17세기 초 중국 남부지역으로 전래되었고, 일본 오키나와 지방 상인들이 일본으로 가져와 처음에는 '카라이모唐芋'라 부르다가 대마도 사람들이 '고오꼬이모'라 부른 것이다.

사용 예

• "뭐야? 고구마가 순 우리말이 아니고, 일본말에서 유래한 거라고?"
  "그렇다니까요."
  "난 지금까지 고구마가 우리나라 토종 작물이고, 이름도 순 우리말인줄 알았지."

— 023 —
고데

고데는 미용실에서 '머리에 웨이브를 주는
것', 즉 퍼머넌트(줄여서 퍼머)를 말한다.

퍼머넌트

예전에는 미용실에서 연탄난로에 집게를 넣
어 달궜다가 머리카락을 말아주곤 했다. 이
것을 우리나라 사람들이 '고데'라고 불렀는데, 이 말은 일본어
로 '인두'를 뜻하는 코테こて를 가져와 우리식으로 발음하면서
의미를 바꿔 쓰는 경우이다.
일본어 '코테'는 머리손질용 인두뿐만 아니라 땜질용 인두, 다
리미질용 인두 등 모든 인두를 통칭하는 말이다.

국어사전은 '고데'를 '불에 달구어 머리 모양을 다듬는 집게처럼
생긴 기구 또는 그 기구로 머리를 다듬는 일'이라고 설명하면서
'머리 인두', '머리 인두질', '인두질', '지짐 머리' 등으로 순화할
것을 권하고 있다.

요즘은 대부분 '고데'라는 말 대신 '퍼머'라는
말을 쓰고 있지만, 퍼머용 기계만큼은 여전
히 '고데기'라고 부른다.

> **사용 예**
> • "아침에 고데기가 고장 나서 그냥 나왔더니 머리가 엉망이네."
>   "내 고데기 빌려줄 테니까 화장실 가서 손질 좀 하고 와."

024
고도리

다섯 마리의 새

고도리는 화투놀이 중 하나인 '고스톱'을 속되게 부르는 말이다.

국어사전은 '고도리'를 '①고스톱을 일상적으로 이르는 말 ②고스톱에서 매조, 흑싸리, 공산의 열 끗짜리 석장으로 이루어지는 약'이라고 설명하고 있다.

고도리ごとり라는 말은 일본어 '고ご'와 '도리とり'의 합성어인데, '고ご'는 다섯이라는 뜻이고, '도리'는 새를 의미하는 '토리とり'가 변한 것이다. 따라서 고도리ごとり, 五鳥는 '다섯 마리의 새'라는 뜻이다.

실전 게임에서, 화투짝 세 장을 모아 다섯 마리의 새가 되면 고도리가 된다. 즉, 팔공산의 빈 곳에 그려진 세 마리의 새, 흑싸리에 그려진 한 마리의 새, 매화에 그려진 한 마리의 새를 합치면 다섯 마리의 새가되고, 이렇게 되면 고도리가 성립되어 5점의 점수가 난다.

화투놀이 고스톱의 별칭

사용 예

- "우리 막간을 이용해서 고도리 한판 칠까?"
  "고도리는 재미없어. 짓고땡으로 하자!"

48   우리말 속 일본어 205가지 바로알기

025
고바이

차를 몰고 또는 걸어서 언덕을 올라가야 하
는 경우, 경사도가 심하면 '고바이가 심하
다.'라는 표현을 쓴다.
흔히 고바이라는 말 맨 앞에 '고'자가 붙어
있으므로 이것이 '높을 고高'인줄 알고 '높은
바윗길'로 인식하기 쉬운데 그건 아니다.

오르막

고바이라는 말은 오르막이나 기울기를 뜻하는 일본어 '고바이こ
うばい'에서 온 것이다. 일본어 고바이의 정확한 뜻은 '비탈진 정
도' 또는 '경사도'인데 우리나라에서는 '높은 언덕'이나 '오르막'
을 가리키는 말로 쓰고 있는 것이다.

물매

고바이라는 말이 건설 현장에서 쓰일 때는
'비탈'이나 '경사로', '벽돌 세워쌓기' 등의 뜻
으로 쓰이기도 하는데, 우리말 '구배'나 '물
매'에 해당한다.

국어사전은 '고바이'를 '비탈의 경북 방언'으로 소개하고 있다.

사용 예

- "기사님, 저기 고바이 올라가서 편의점 앞에 세워주세요."
- "설계도에는 고바이 표시가 없지만, 거기는 물매가 심해서 땅을 깎아내고 공사
  를 해야 합니다."

026
고참

선임

군대나 회사, 단체 등 어떤 조직에 오래 몸담은 사람을 고참이라고 한다.
고참이라는 말은 순우리말 같지만 사실은 일본에서 만든 한자어를 우리가 그대로 사용하는 경우이다.

고참을 일본어로는 'こさん'이라고 쓰고, 한자로는 오랠 고古자와 참여할 참參자를 빌려와 '古參'이라고 쓴다. 한자 뜻대로 풀이하면 '오래 참여한 사람'이란 뜻이다.

일본에서는 선대의 기술을 배워 가업을 잇거나 장인丈人으로부터 기술을 배우는 도제徒弟 제도가 발달했다. 그래서 한 직종에 오래 머물러 있는 사람이 우대받는 문화가 형성됐고, 거기서 생겨난 말이 고참こさん, 古參이다.

선참

국어사전은 '고참'을 '오래전부터 한 직위나 직장 따위에 머물러 있는 사람'으로 정의하면서 '선임先任', '선참先站' 등으로 순화할 것을 권하고 있다.

사용 예

• "그는 나이는 어리지만 입사 연도로 따지면 우리 부서에서 제일 고참이다."

50　우리말 속 일본어 205가지 바로알기

027
꼬붕

꼬붕은 주로 불량집단이나 깡패조직 같은데서 부하나 하수인을 일컫는 말로 쓰이는 속어이다.

부하

이 말은 일본어 꼬붕こぶん, 子分을 그대로 가져와 쓰는 경우인데, 일본어 원 뜻도 '부하', '하수인', '종'을 의미한다.

원래 일본에서 꼬붕こぶん, 子分이란 말은 '양자', '수양아들'이란 뜻이었는데, 주종 관계를 중시하는 야쿠자 집단에서 보스(오야붕)와 부하(꼬붕)를 서로 부모 자식 관계처럼 만들기 위해 사용하면서 어의가 바뀐 것이다.

국어사전은 '꼬붕'을 '부하(직책상 자기보다 낮은 자리에 있는 사람)의 잘못'으로 설명하고 있다.

하수인

꼬붕과 비슷한 우리말로는 '똘마니'와 '쫄따구'가 있는데, 똘마니는 사람 이름 '돌만'에서 유래한 순 우리말이고, 쫄따구는 '졸개'의 전남지방 방언이다.

사용 예
- "야, 내가 니 꼬붕이냐? 왜 자꾸 나한테 이래라저래라 하냐?"
- "그 영화에서 태식이는 용팔이의 꼬붕으로 나온다."

028
곤색

짙푸른 남빛

짙푸른 남빛을 '곤색'이라고 하는 사람들이 많다. 그런데 이 말은 우리말이 아니고 일본어 '곤색こんいろ'을 차용한 것이다.

일본 사람들은 감색紺色의 감紺자를 '곤'으로 발음한다. 그것을 우리가 여과 없이 그대로 가져와 쓰는 경우이다.

참고로, 검은 빛이 강한 감색을 '구로곤색'이라고도 하는데 이 것도 일본어를 차용한 것으로, 일본어로 구로くろ, 黑는 '검은빛' 이란 뜻이다.

국어사전은 '곤색'을 '감색' 또는 '감람색'으로 순화하여 쓸 것을 권장하고 있지만, 감색이나 감람색에 대한 우리식 정의가 미흡하여 여전히 곤색이란 말이 계속 사용되고 있는 실정이다.

감색

사용 예

• "손님한테는 저기 있는 곤색 바지가 잘 어울릴 것 같은데요."

• "곤색을 감색이라고 하면 어떤 색깔인지 잘 모르겠어요. 우리말로 된 좀 더 정확한 표현이 있었으면 좋겠어요."

029
곤약

우무

곤약은 구약나물 가루를 물과 섞어 2시간 정도 숙성시켜 만든 말랑말랑한 질감을 가진 식재료를 가리키는 말이다.

이 말은 일본 사람들이 그들의 말 '고냐쿠こんにゃく'를 한자로 '곤약崑蒻'이라고 쓴 것인데, 그것을 우리가 그대로 가져와 쓰는 경우이다.

국어사전은 '곤약'을 '구약나물의 땅속줄기를 가루를 내어, 거기에 석회유를 섞어 끓여서 만든 식품'으로 규정하면서 '우무'로 순화할 것을 권하고 있다.

일본사람들은 곤약으로 다양한 요리를 만든다. 조림이나 우동, 스키야끼, 타꼬야끼 등을 만들고, 과자로도 만든다.

최근에는 곤약이 칼로리가 적어 다이어트 식품으로 각광을 받고 있다.

사용 예

- "무더운 여름철에는 곤약으로 만든 국수가 인기를 끌고 있다."
- "곤약 면은 밀가루 면과 달리 조리 후에도 불거나 퍼지지 않으면서 쫄깃하고 탱탱한 식감을 오래도록 유지하는 특징이 있다."

030
곤조

나쁜 근성

곤조는 나쁜 근성, 삐뚤어진 성격, 좋지 않은 마음보, 끈질기게 물고 늘어지는 습성이나 본색 등을 이르는 말이다.

이 말은 일본어를 가져와 쓰는 것으로, 곤조こんじょう의 원 뜻은 사람의 '근성根性', '본성本性', '심지'를 일컫는 말이다. 그게 우리나라에 들어와서는 좋지 않은 뜻으로 바뀐 것이다.

보통 엉뚱한 일로 주변 사람들에게 자주 화를 내거나 혹은 나쁜 성질을 가진 사람을 가리킬 때 '곤조 있는 사람'이란 표현을 쓴다. 특수한 직업 때문에 갖게 된 날카로운 성질이나 어깃장도 곤조라는 비속어로 표현한다.

성깔

국어사전은 '곤조'를 '고집이 세고 고약한 성질 또는 그런 성질을 부리는 버릇이나 태도'로 정의하고 있다. 우리말로 하면 '근성根性'이나 '성깔' 정도로 순화할 수 있다.

사용 예

- '새로 부임하는 부장님 곤조가 보통이 아니라는데."
"어느 정도인진 몰라도 지금 부장님보단 낫겠지."
- "그 놈은 평소엔 얌전하다가도 술만 처먹으면 곤조를 부린다니까!"

031
공구리

공구리는 시멘트와 모래, 자갈 따위를 물과 함께 섞어 반죽한 건축 재료를 일컫는 말이다.

 시멘트를 반죽한 건축 재료

이 말은 영어 콘크리트concrete를 일본 사람들이 공구리コンクリ로 발음한 것인데, 우리가 그대로 가져와 쓰는 것이다.

콘크리트가 공구리로 변형된 과정은 콘크리트 → 콩쿠리 → 공구리이며, 국어사전은 '공구리'를 '콘크리트(시멘트에 모래와 자갈, 골재 따위를 적당히 섞고 물에 반죽한 혼합물)의 잘못'으로 설명하고 있다.

 콘크리트

콘크리트는 굳으면 돌처럼 단단해지는 것이 특징이다. 그래서 다양한 비유 용어로도 쓰이는데, 특히 정치판에서는 각 정당을 지지하는 강력한 지지층을 '콘크리트 지지층'이라 표현하기도 한다.

사용 예
- "이봐, 뻠쁘 똑바로 박고 공구리 두껍게 쳐야 돼."
  "배관도 안 깔고 공구리부터 칩니까?"
  "물론 공구리 치기 전에 배관부터 해야지."

032
구두

굽이 있는 정장신발

구두가 서양에서 들어왔기 때문에 초기에는 굽이 있는 가죽 신발을 '양화洋靴'라고 불렀다. 그런데 일본에서 그 신발을 '구쓰' 또는 '구츠'라 부르므로 우리나라도 그것을 우리 발음에 맞게 변형하여 '구두'라 부르기 시작한 것이다.

그러나 정작 일본에서는 '구츠〈つ, 靴'의 어원을 한국어 '구두'에서 찾고 있다. 한국이 먼저 몽골로부터 구두 형태의 신발을 들여와, 그것을 '구두'라 부르므로 그 말을 인용하여 '구츠'라 불렀다는 것이다. 다만 한국은 가죽신발(정장신발)만을 구두라 부르는 반면, 일본은 모든 신발을 통칭하여 구츠라 한다.

종합해볼 때, 가죽으로 만든 신발은 조선이 먼저 원나라로부터 들여온 것으로 보이나, 뒷굽이 있고 앞이 뾰족한 서양식 가죽신발은 일본을 거쳐 한국에 들어온 것으로 보인다.

우리나라에서 본격적으로 구두를 신기 시작한 것은 1880년대 후반부터이다. 갑오경장이 일어나고 양복이 공인되면서 1895년부터 상류 사회를 중심으로 구두를 신는 사람들이 늘어났다.

서울에 구두를 만드는 양화점이 처음 생긴 것은 1890년대 말이며, 당시 구두 한 켤레 값은 벼 두 섬 값과 맞먹는 비싼 사치품이었다.

국어사전은 '구두'를 '주로 가죽을 재료로 하여 만든 서양식 신'으로 정의하고 있다.

사용 예

- "김대리, 걸음걸이가 왜 그래? 어디 아파?"
  "아픈 건 아니고요, 새로 산 구두가 뒤꿈치를 물어서요."

- "옛날엔 정장 차림에는 으레 구두를 신었지만, 요즘엔 정장 차림에 운동화를 신는 사람도 많아졌다."

033
구라

과장된 너스레

구라는 '과장된 너스레' 또는 '악의 없는 거짓말', '그럴듯한 허풍' 등을 일컫는 속어이다.

국어사전은 '구라'를 '①거짓말을 속되게 이르는 말 ②거짓이나 가짜를 속되게 이르는 말'이라고 정의하고 있다.

우리나라에서 '구라'라는 말이 처음 쓰인 사례는 1966년 경향신문 기사에서이다. 일본 만화를 모방한 불량 만화를 비판하는 내용에 '구라'라는 말을 처음 사용했다. 그 후 1972년도 동아일보 기사에 '구라는 바람직하지 못한 속어'라는 비판기사가 있었다. 이러한 자료를 종합해볼 때 '구라'라는 말은 1960년대 이후에 등장한 유행어로 추정된다.

구라라는 말의 어원에 관해서는 여러 가지 설이 있는데, 일본어 '쿠라마스 くらます, 晦'에서 유래했다는 설이 가장 유력하다.

거짓말의 속어

일제강점기에 일본인들이 많이 살았던 경상도 지방의 도박판에서 타짜들이 속임수를 써서 승부를 조작하는 것을 '쿠라마스'라고 했고, 이것이 변형되어 '구라'가 되었다는 설이다. 일본어 쿠라마스는 '속이다', '감추다'라는 뜻이다.

58 우리말 속 일본어 205가지 바로알기

반면, 우리나라 어문학계에서는 구라라는 말이 타밀어와도 관계가 있는 등 딱히 일본어로 보기 어렵다는 공식적인 견해를 내놓고 있기도 하다.

사용 예

• "구라치다 걸리면 피 보는 거 안 배웠냐?" – 영화 〈타짜〉에 나오는 대사 –

034
구루마

수레

우리나라에서는 리어카나 손수레 등 소형 운반기구만을 구루마라고 한다. 하지만 일본에서는 손수레뿐만 아니라 인력거, 마차, 자동차, 전차 등 바퀴가 달린 것은 모두 구루마くるま라고 한다.

일본의 비교언어학자 시미즈 기요시淸水紀佳 교수와 한국인 박명미 시모노세키대학 교수가 공동으로 연구한 결과에 따르면 구루마의 어근語根은 한국어와 일본어가 같은 것으로 나타났다.

이들은 두 가지 유래설을 주장하고 있는데, 하나는 한국어 '구르다'와 '마馬'가 합쳐져서 만들어진 말 '구르마馬'가 일본으로 건너가 탈것을 총칭하는 용어로 쓰이다가 다시 한국으로 들어왔다는 설이고, 또 다른 하나는 구르다의 명사형이 '구르마'라는 설인데, '마'는 한국말에서 동사를 명사로 만들 때 많이 사용한 어미로써 그 대표적인 예로 '걸음마'를 들고 있다.

종합해 볼 때, 구루마는 한국어가 어원이며, 그것이 일본으로 건너갔다가 다시 들어온 것으로 추정된다. 다시 말해, 우리말 '구르마'가 일본으로 건너가 '구루마'로 변형되어 쓰이다가 역수입 된 것으로 보인다.

리어카

60 우리말 속 일본어 205가지 바로알기

국어사전은 '구루마'를 '수레(바퀴를 달아서 굴러가게 만든 기구)의 잘못'이라고 설명하고 있는데, 좀 더 정확한 정의가 요구된다. 수레나 리어카보다도 더 우리말다운 표현이 '구루마'일 가능성이 높다.

사용 예

• "헛간에 있는 볏짚 좀 구루마에 실어서 텃밭에 갖다 놔라."

• "폐지 줍는 할머니가 구부정한 몸으로 구루마를 끌고 가는 모습을 보면 참으로 안타깝다."

035
구찌

일정 단위의 몫

1970~80년대만 해도 서민들은 은행에 돈을 넣는 대신 아는 사람들끼리 계를 만들어 목돈을 마련하곤 했다. 계를 만들 때 일정 몫을 정하고 그것을 '한 구찌', '두 구찌'이렇게 불렀다. 요즘도 아파트 청약 현장이나 재건축 현장에서는 여전히 '구찌'라는 말을 쓰고 있다.

구찌라는 말은 일본어에서 유래한 것으로, 구찌〈ち는 '입口'이라는 뜻이다. 입술연지를 '구찌삐니'라 하는 것이나 입심 또는 말솜씨를 '구찌빤찌'라 하는 것도 모두 일본어 구찌에서 파생한 말이다.
이러한 구찌가 우리나라에서는 '입이 한 사람의 생존에 필요한 분량의 음식이 들어가는 곳'임을 빗대어 '한 사람에게 돌아가는 몫'이라는 뜻으로 사용되고 있는 것이다.

구찌와 비슷한 개념으로 일본식 한자어 구좌口座가 있는데 이는 은행의 계정단위, 즉 bank account를 말하며, 국어사전은 구좌라는 말 대신 계좌計座로 순화하여 쓸 것을 권하고 있다.

구찌라는 말은 속어이기 때문에 국어사전에는 나와 있지 않은

데, 우리말 '몫'으로 대신할 수 있다. '몫'의 국어사전 정의는 '여럿으로 나누어 가지는 각 부분'이다.

사용 예

- "나 예전에 살던 아파트 재건축 한다기에 조합에 한 구찌 들까하는데 어떻게 생각해?"
  "재건축으로 돈 번다는 말 다 옛말이야. 정부 정책이 워낙 강경해서 잘못했다가는 돈만 묶여. 하지 마."

036
기도

극장이나 유흥업소의 문지기

고급 룸살롱이나 나이트클럽 등 유흥업소 문 앞에는 손님들을 안내하는 가이드가 있다. 그 사람들을 가리켜 '기도'라고 하는데, 이는 일본어에서 온 말이다.

주로 체격이 건장한 남자가 이 일을 맡는데, 입구에서 말썽을 피울만한 손님은 돌려보내거나 분란이 일었을 때 조치를 취하는 일을 담당한다.

일본말로 기도きど는 원래 '성문城門'이라는 뜻이다. 일본 에도江戶시대에 경계를 위해 성내 요소요소에 설치한 검문소를 가리키는 말이었다. 이것이 후에 스모나 연극 같은 공연장 출입구를 가리키는 말로 바뀌었다가 우리나라에 들어와서는 '유흥업소의 문지기'를 일컫는 말로 바뀐 것이다.

처음에는 기도라 하지 않고 기도방きどばん, 木戶番이라 했는데, 나중에 '방'은 생략하고 그냥 '기도'라고 하게 되었다. 예전에는 말썽 피우는 취객을 완력으로 상대하는 주먹, 깡패 등의 이미지가 강했으나 지금은 그냥 입구에서 손님을 안내하는 사람들을 통틀어 '기도'라고 한다.

문지기

64 우리말 속 일본어 205가지 바로알기

국어사전은 '기도'를 '극장이나 유흥업소 따위의 출입구, 또는 그곳을 지키는 사람'으로 정의하면서 '문지기'로 순화할 것을 권하고 있다.

사용 예

- "유흥업소 기도가 되려면 신체 조건이 좋아야하는데 잘 할 수 있겠나?"
  "네, 잘 할 수 있습니다. 저 덩치는 작아도 합기도 5단입니다. 시켜만 주시면 클럽의 안전을 위해 열심히 일하겠습니다."

037
기라성

반짝이는 별

'기라성 같은 선배들', '기라성 같은 스타들' 이런 말은 주로 연말 방송대상 시상식이나 영화행사 등에서 많이 쓰는 말이다. '기라성 ぼし星, 綺羅星'이란 말을 한자 뜻 그대로 풀이하면 '비단을 펼쳐놓은 것처럼 아름답게 빛나는 별'이라는 뜻이다.

기라성에서 '기라きら, 綺羅'는 일본말로 '번쩍이다'라는 뜻인데, 한국 사람들이 여기에 한자 성星'을 붙여서 만든 말이 기라성이다.

일본어 기라ぼし를 한자로는 비단 기綺자와 펼칠 라羅자를 써서 綺羅라고 쓰지만, 그것은 '기라'라는 음을 한자로 표현했을 뿐, 정작 중국에는 없는 말이다. 따라서 기라성綺羅星은 한자어에서 온 것도 아니며, 일본말에 한자를 붙여 만든 한국식 언어이다. 이것을 언론에서 신분이 높거나 권력 또는 명예를 가지고 있는 사람들이 모여 있는 것을 빗대어 자주 사용하다보니 관용어로 굳어진 것이다.

국어사전은 '기라성'을 '밤하늘에 반짝이는 무수한 별이라는 뜻으로, 신분이 높거나 권력이나 명예 따위를 가지고 있는

유명세를 떨치는 사람들을 비유적으로 이르는 말

66 우리말 속 일본어 205가지 바로알기

사람이 모여 있는 것을 비유적으로 이르는 말'이라고 설명하면서, '빛나는 별'로 순화할 것을 권하고 있다.

사용 예

- "오늘 이 영화제는 기라성 같은 배우들로 인해 더욱 빛나고 있습니다."
- "기라성 같은 선배들 앞에서 수상소감을 말하려니 긴장되고 떨립니다."

038
기레빠시

본 용도로 쓰고 남은 자투리

기레빠시는 식당이나 횟집에서 본 음식 외에 이런저런 음식을 주는 것, 또는 공사장에서 본 용도로 쓰고 남은 자재, 옷감에서 남은 헝겊이나 천, 식빵의 부드러운 부분을 먹고 남긴 가장자리 등을 이르는 속어이다.

이 말은 '물건을 잘라내고 난 토막이나 자투리'란 뜻의 일본어 기레하시きれはし, 切端를 우리나라 사람들이 처음에는 기레빠리로 발음해서 쓰다가 차츰 기레빠시로 바꾸어 쓰는 것이다.

우리가 속칭 기레빠시라고 부르는 서비스 음식의 정식 일본말은 '쯔끼다시つきだし, 突出し'이다.

속어이기 때문에 국어사전에는 '기레빠시'라는 말이 나와 있지 않다.

사용 예

• 김연수의 자전소설 〈뉴욕제과점〉에서 빵집 아들이 이렇게 푸념한다.
"아, 그놈의 기레빠시!"
빵집 막내아들로 태어났지만, 먹을 빵까지 팔아 악착같이 돈을 모아야 했던 어머니 때문에 소년은 내내 기레빠시만 먹었다. 빵틀로 각진 카스텔라를 만들고 나면 떨어진 부스러기가 남곤 했는데, 그것을 먹어야 했던 빵집 아들은 그 부스러기를 기레빠시로 표현하며 자신의 신세를 한탄했던 것이다.

68   우리말 속 일본어 205가지 바로알기

기리까이

헌 물건을 새 것으로 바꾸거나, 물건과 물건
끼리 바꾸거나, 어떤 역할을 바꿀 때 '기리까
이'라는 말을 쓴다.

**바꾸기,
갈기**

이 말은 일본어 기리까에きりかえ를 우리식으
로 발음해서 쓰는 경우이다. 일본어 기리까에는 '기키리카에시
きりかえし, 切り替えし'의 준말로, '자르듯 방향을 전환하여 되돌린
다'라는 뜻이다.

**교환,
교체**

보통 화투를 칠 때 '기리 해!'라는 표현을 쓰
는데, 이는 기리까이의 줄임말로 패를 바꾸
라는 뜻이다.

국어사전에는 '기리까이'나 '기리'가 나와 있지 않지만, 기리까
이를 우리말로는 '바꾸기', '갈기', '교환', '교체' 등으로 대신할
수 있다.

사용 예

- "나 오늘 핸드폰 새 걸로 기리까이 했어!"
  "기리까이란 속된 말 쓰지 말고 그냥 바꿨다고 해!"
  "알겠어. 나 오늘 핸드폰 새 걸로 바꿨어!"

69

040
기마이

**기분이
좋은 상태**

보통 기분이 좋거나 요행수가 생기면 '기마이다. 오늘 내가 한턱 낼 게.'라고 말한다. 이때 기마이는 '기분이 상승된 상태'를 말한다. 반면 국어사전은 '기마이'를 '돈이나 물건을 선선히 내놓는 기질'이라고 규정하고 있다.

기마이라는 말은 일본어 키마에きまえ, 氣前를 우리식으로 발음해서 쓰는 경우로서, 일본어의 원 뜻은 '화끈한 성격이나 희떠운 기질', '금전 등을 아낌없이 쓰는 성격이나 그 마음씨'이다.

**호기로
쓰는 선심**

일본어 키마에의 원 뜻이 항시적 기질이나 마음씨를 말한다면, 우리나라에서는 '일시적으로 기분이 좋은 상태' 또는 '그 상태로 쓰는 선심이나 호기'를 기마이라고 한다.

사용 예

- "자기 기분 좋자고 툭하면 친구들한테 기마이 쓰고, 이달 생활비 빵꾸나는 건 어떻게 할 건데?"
  "맨날 저 소리. 많이 벌어다 주면 될 거 아냐."

041
기모

겨울철이 되면 옷가게에서 기모로 된 옷들을 갖춰놓고 판다. 기모는 바지나 남방 등의 섬유를 일부러 긁어서 보풀이 일게 하여 보온력과 보드라움을 한층 높인 천을 말한다.

보풀천

기모きも, 起毛는 일본어에서 온 말로, 起毛라는 한자 표현에서 알 수 있듯이 '털이 일어난 천'을 말하며, 起毛라는 한자는 일본식 한자이다.

국어사전은 '기모'를 '모직물이나 면직물의 표면을 긁어서 보풀이 일게 하는 일'로 규정하고 있는데, 실생활에서는 그렇게 한 천, 즉 보풀천을 일컫는 말로 쓰인다.

기모 가공은 해당 직물을 축축하게 하여 만드는 습식 기모법과 건조하게 하여 만드는 건식 기모법이 있다. 이 중 습식 기모법은 섬유가 유연해져 절단될 염려가 없고 광택이 잘 나오는 장점이 있다.

사용 예

• "이 청바지 예쁘긴 한데 천이 얇아서 추울 것 같은데요?"
"걱정 마세요. 안감이 기모로 되어 있어 한겨울에도 따뜻해요."

71

042
기모찌

기분 좋다

기모찌라는 말은 요즘 10대들 사이에서 '기분 좋다'라는 뜻으로 쓰이는 속어이다.

원래 기모찌きもち는 일본어로 '기분', '감정', '마음'을 뜻하는 명사이고, '기분 좋다'라는 뜻의 동사는 '기모찌 이이きもちいい, 気持'이다. 그런데 기모찌가 우리나라에서는 '기분 좋다'라는 동사로 쓰이는 것이다.

한자어 気持가 일본어 음독音讀으로 기모찌きぶん인데, 한국에서 일본어 발음을 그대로 사용하는 경우이다. 다만 기모찌는 한국어 '기분'과는 그 의미가 조금 다르다. 감정을 나타내는 기분 보다는 신체적인 좋은 상태를 의미한다. 즉, 영어 '컨디션'에 해당하는 말이다. 따라서 요즘 10대들 사이에서는 기분이 좋은 상태면 무조건 '기모찌!'라고 하는데 적당한 표현이 아니다.

와전된 속어이기 때문에 국어사전에는 '기모찌'란 말이 나와 있지 않다.

사용 예

• "와, 기모찌! 기모찌!"
"왜? 무슨 기분 좋은 일 있어?"
"나, 롤 게임에서 실수로 눌렀는데 레벨 업 되고 아이템 먹었거든!"

72   우리말 속 일본어 205가지 바로알기

043
기스

가구를 옮기거나 새 물건을 들여올 때 '기스
나지 않게 조심해라.'라든지, 자동차가 긁혔
을 때 '이게 뭐야? 차에 기스가 났잖아!'라는
표현을 쓴다.

흠

기스는 일본어 키스きず를 변형해서 쓰는 것으로, '상처', '흠집',
'결점'을 뜻하는 말이다.

국어사전은 '기스'를 '흠(어떤 물건의 이지러지거나 깨어지거나
상한 자국)의 잘못'으로 설명하고 있다.

흠집

요즘은 기스라는 일본말 대신 영어 '스크래
치scratch'라는 말을 쓰는 사람이 많은데, 영
어 스크래치의 정확한 뜻은 '(상처가 나도록
날카로운 것으로) 긁다' 또는 '(가려운 데를)
긁다'이다.

기스나 스크래치보다 우리말 '흠' 또는 '흠집'으로 바꿔 쓰는 것
이 바람직하다.

사용 예

- "에이, 속상해 죽겠어!"
  "왜? 무슨 일 있어?"
  "어떤 놈이 내 새 차에 기스를 내버렸잖아!"
  "누가 흠집을 냈는지 블랙박스에 찍혔을 거 아냐?"

044
기지

옷감

'그 옷 기지가 참 좋다.' 또는 '남성용 기지바지 할인 판매 합니다.'라고 말할 때, 기지きじ, 素地는 일본말로 '옷감', 특히 '합성직물'을 가리키는 말이다.

천은 보통 천연직물인 면과 합성직물로 나뉘는데 '기지'는 특히 '합성직물 양복감'을 가리키는 말이다. 따라서 '기지바지'라고 하면 '합성직물 양복바지'를 말하는 것이고, 이는 일본어 '기지'와 우리말 '바지'의 합성어이다.

국어사전은 '기지'를 '양복을 만들 때 쓰는 옷감을 속되게 이르는 말'로 정의하면서 '천'으로 순화해서 쓸 것을 권하고 있다.

합성
직물로 된
양복감

사용 예

• "저기 걸린 기지바지 얼마에요?"
 "그 양복바지는 10만 원인데, 9만 원에 드릴게요."

74 우리말 속 일본어 205가지 바로알기

045
낑깡

작은 귤처럼 생기고, 단맛과 신맛이 나는 과
일인 낑깡은 일본을 통해 우리나라에 들어
온 과일이다.

금귤

일본식 한자로 금감金柑이라고 쓰는데, 이것
을 일본 사람들은 '낑깐きんかん'이라 발음했고, 우리가 그것을
'낑깡'이라고 변형해서 부르는 것이다.
다른 말로는 황금색 과일이라고 해서 금귤金橘, 혹은 어린 귤 모
양이라고 해서 동귤童橘이라고도 한다.

국어사전은 '낑깡'을 '금감(운향과의 상록 관목)의 잘못'이라고
정의하고 있다.

동귤

우리나라에서 금귤은 주로 제주도에서 많이
재배되며, 비타민 C가 많고 향이 좋아 그냥
먹기도 하지만 여러 요리에 쓰이기도 한다.
잼이나 피클을 만들기도 하고, 드레싱 재료
로 쓰이기도 한다.

사용 예
- "이제 내용을 알았으니 앞으론 낑깡이라고 하지 말고 금귤이라고 해. 알겠지?"
  "난 꼬마귤이라는 뜻의 동귤이 더 정감가는데!…"

일본어 유래 사전

나가리 ~ 니꾸사꾸

나가리
나라비
나시
나와바리
나카마
난닝구
낭만
냄비
노가다
노깡
니꾸사꾸

046

나가리

무효

나가리는 어떤 일이 무효화 되거나, 계획이 허사가 되거나, 추진하던 일이 중단되거나, 서로의 약속을 깨고 없었던 일로 할 때 등 생활 전반에 걸쳐 '무효', '허사'를 나타내는 말로 쓰인다.

이 말은 '유찰', '유산', '무효', '허사'라는 뜻의 일본어 '나가래流, ながれ'를 우리식 발음에 맞게 변형해서 쓰는 것이다.
특히 화투판에서 나가리란 말을 자주 쓰는데, 누구의 실수로 판이 깨지거나 패가 모자라서 무효가 됐을 때 나가리란 표현을 쓴다.

국어사전은 '나가리'를 '①계획이나 약속이 깨지거나 중단되어 무산된 때를 속되게 이르는 말 ②화투에서 이긴 사람이 없이 판이 무산된 것을 이르는 말'로 설명하고 있다.

무산

사용 예

• "이미 다른 데랑 계약을 했더라고요. 그래서 이번 건은 나가리 됐어요."

• "화투장이 한 장 모자라네. 이번 판은 나가리야!"

78 우리말 속 일본어 205가지 바로알기

나라비

장사가 잘되는 음식점에 가면 사람들이 줄을 길게 늘어서서 기다리는 모습을 볼 수 있다. 이때 '손님들이 나라비를 섰다'라는 표현을 쓴다.

여기서 나라비란 말은 순 우리말 같지만 사실은 일본어에서 온 말이다.

일본에서는 건물이나 사물이 길게 늘어선 모습을 '나라비ならび'라고 한다. 한자로는 '아우를 병並'자로 표기하는데, 우리나라에서는 단순히 아우르거나 늘어선 모습뿐만 아니라 길게 장사진을 이루는 것까지도 포함하는 의미로 쓰고 있는 것이다.

장사진

일부 지방에서는 ㅣ모음 역행동화 현상에 따라 '나래비'라고 표현하기도 하는데, 이는 '오라비'를 '오래비'로 표현하는 것과 같다.

국어사전은 '나라비'를 '줄을 속되게 이르는 말'이라고 정의하고 있는데, 우리말 '장사진'으로 대신할 수 있다.

사용 예

- "그 식당 오픈하자마자 손님들이 줄을 나라비로 섰어요."
  "그래? 비결이 뭐지?"
  "비결이 뭐 있겠어요. 주인이 연예인 출신이라 그런 거지."

048
나시

소매 없는 옷

소매가 없고 어깨 쪽이 끈으로 된 여성용 여름옷을 나시라고 한다.
국어사전은 '나시'를 '민소매를 속되게 이르는 말'이라고 규정하고 있다.

나시なし는 일본말 '소데나시そでなし'의 준말로, '소매가 없다'라는 뜻이다. 이것을 우리가 그대로 가져와 소매 없는 옷을 가리키는 명사로 쓰고 있는 것이다.

여름이면 소매가 없는, 심지어 피서지에서는 앞가슴만 가리는 나시를 입고 다니는 여성들도 많이 있다.

민소매

이제 나시는 패션의 한 종류로 자리 잡았고, 우리말로 '민소매' 또는 '민소매 옷'으로 불러야 하지만, 한 번 굳어진 용어는 좀처럼 바뀌지 않고 있다.

사용 예

• "날씨가 너무 더워. 오늘은 그냥 나시 차림으로 나가야겠어."
  "그럼 선크림 잘 바르고 나가. 팔뚝 타지 않게."

80 우리말 속 일본어 205가지 바로알기

049
나와바리

나와바리는 사건기자들 사이에서는 자신이 담당하는 취재구역을, 조직폭력배나 깡패집단 등에서는 자신들이 관리하는 구역을 가리키는 말이다. 일반인들도 가끔 이 말을 쓰는데, 이때는 주로 '자신이 활동하는 거점지역'을 말한다.

전담구역

거점지역

나와바리라는 말은 원래 일본에서 건축 부지에 새끼줄을 쳐서 건물의 위치를 정하는 등 '줄을 쳐서 영역의 경계를 표시함'이라는 뜻이다. 그런 것을 우리가 차용하여 의미를 바꿔 쓰는 경우이다.

국어사전은 '나와바리'를 '영향력과 세력이 미치는 공간이나 영역을 속되게 이르는 말'이라고 정의하면서 '구역'으로 순화할 것을 권하고 있다.

사용 예

- "선배님, 저 서초경찰서로 나와바리 옮겼어요."
  "그래? 거기 가면 훨씬 더 힘들 텐데!"

- "내일 신촌에서 만나자."
  "거긴 너무 먼데 왜 하필 신촌이야?"
  "거기가 요즘 내 나와바리 잖아!"

050
나카마

중간상

나카마는 가격을 후려쳐 중간에서 이익을 챙기는 행위 또는 그런 일을 하는 상인을 가리키는 말이다.

이 말은 일본어 나카마なかま를 그대로 가져와 쓰는 경우인데, 원 뜻은 뜻밖에도 '동료'이다. 회사의 동료도 나카마이고, 같은 학교 친구들도 나카마이다. 그런데 왜 우리나라에서는 의미가 바뀌게 되었을까?

일본식 한자 표현 때문이다. 나카마なかま의 한자 표기는 '仲間'이다. 그렇다보니 우리나라에서는 '중간상'이나 '거간꾼'을 가리키는 말로 쓰이게 된 것이다.

국어사전은 '나카마'를 '중간상中間商을 속되게 이르는 말'이라고 정의하고 있는데, 우리말로는 '중간상' 외에 '거간꾼'으로 순화할 수 있다.

'나까마'라고 표현하는 사람들도 있는데, 표준 표기법상으로는 '나카마'이다.

지금은 도시미화정책으로 청계천 주변이 완전히 바뀌었지만, 1980~90년대만 해도 복개된 청계천 주변에 도깨비 시장이나 구제 시장이 매일 열렸다. 지방 각처에서 올라온

거간꾼

82 우리말 속 일본어 205가지 바로알기

나카마들이 좋은 물건을 고르기 위해 청계천 주변을 구석구석
누빈 적이 있었다. 수완 좋은 나카마들은 팔릴 만한 물건들을
찾아내 싸게 구입한 다음 이윤을 붙여 각 지방의 소매상들에게
넘기곤 했다.

사용 예

- "아니, 물건이 왜 이렇게 없어요?"
  "좀 전에 부산 나카마가 다녀갔거든요. 개당 3천 원에 싹 쓸어갔어요."
  "아이구 참! 담엔 제 꺼도 좀 따로 챙겨놔 줘요."

051
난닝구

난닝구는 영어 '러닝셔츠running shirts'를 일본 사람들이 난닝구ランニング라고 발음한 것인데, 그것을 우리가 여과 없이 그대로 가져와 쓰는 경우이다.

영어표현 그대로 하면 달리기 등 운동경기를 할 때 입는 셔츠이지만, 일상에서는 몸에 딱 붙는 민소매 속옷을 가리키는 말로 쓰고 있다.

단어 속에 약간의 익살기가 섞여 있어 사람들은 일부러 반팔 속옷을 러닝셔츠라 하지 않고 난닝구라 표현하기도 한다.

국어사전은 '난닝구'를 '러닝셔츠running shirts를 속되게 이르는 말'이라고 정의하면서 '러닝셔츠'로 순화하여 쓰도록 권하고 있다. 굳이 우리말로 하자면 '윗도리 반팔 속옷' 정도가 되겠다.

러닝셔츠

사용 예

- "난닝구 바람으로 싸돌아다니지 마라. 감기 든다."
- "어제 TV에서 개그맨 박명수가 난닝구 차림으로 돈 가방 들고 도망가는데 엄청 웃기더라."

84 우리말 속 일본어 205가지 바로알기

052
낭만

프랑스어 로망roman은 12~13세기에 유럽
에서 유행한 기사들의 무용담이나 모험담,
연애담 등을 기반으로 하는 통속소설通俗小
說을 일컫는 말이었다.

로망
(roman)

이 말이 17세기에 영국으로 건너가 '기이하고도 공상적이며 감
성적'이라는 뜻이 되었다가, 18세기에 이르러서는 '감성적인 정
서를 중시하는 태도나 꿈, 공상, 이상 세계를 동경하는 취향'을
일컫는 말로 바뀌었다.

이러한 로망roman이 일본 사람들에 의해 낭만ろうまん으로 발음되
면서, 거기에 한자를 부여한 것이 낭만浪漫이다. 물결 랑浪자와
질펀할 만漫자를 부여했지만 한자어 뜻인 '물결의 질펀함'과는 아
무런 상관이 없고, 다만 그렇게 한자를 취음取音한 것뿐이다.

일설에는 〈도련님〉이란 소설로 잘 알려진 일본 작가 나츠메 소
세키なつめそうせき가 처음으로 프랑스어 roman을 한자 浪漫으
로 적은 후, 그렇게 굳어졌다고 하는데 확실
한 증거는 없다.

**서정적
분위기나
취향**

우리나라는 일본의 발음과 취음을 그대로
들여와 쓰는 것이지만, 어감이 한자어 내지

85

는 순 우리말 같기 때문에 우리 고유의 말로 착각하는 사람들도 많다.

국어사전은 '낭만浪漫'을 '현실에 매이지 않고, 감상적이고 이상적으로 사물을 대하는 태도나 심리. 또는 그런 분위기'로 정의함으로써, 한자어 뜻보다는 영어 '로망'의 본래 의미에 더 충실하고 있다.

사용 예

- "그는 한때 문학 서클에 가입하여 객쩍은 언어유희와 방만한 낭만에 빠져 보기도 했다."
- "프랑스의 대표적인 낭만주의 작가 빅토르 위고는 〈노트르담의 꼽추〉, 〈레미제라블〉 등의 소설을 통해 사회평등 문제를 심도 있게 다뤘다."

053
냄비

국이나 찌개를 끓일 때 쓰는 조리 기구를 가리키는 말 '냄비'가 순 우리말인 줄 아는 사람들이 의외로 많다. 그러나 냄비는 일본어 '나베なべ, 鍋'에서 유래한 말이다.

> 국이나 찌개를 끓일 때 쓰는 조리기구

일본인들은 목떨림 소리인 탁음을 콧소리인 비음으로 발음하는 경향이 있어서 '나베'를 '나-음베'로 발음했고, 우리나라 사람들이 그것에 가깝게 소리 낸 것이 '남비'이다. 그러다 ㅣ모음역행동화 현상(전설모음화 현상)에 의해 '남비'가 '냄비'로 굳어진 것이다.

우리나라에 냄비가 들어오기 전, 한국의 전통적인 조리 기구는 솥이나 번철이었다. 반면 일본에서는 건더기가 많이 든 국을 요리할 때 주로 '나베'라는 용기를 사용했는데, 편리하고 실용적이어서 일제강점기 이후 우리나라에도 보편화되었다.

음식을 만드는 용기로 중국 요리에 쓰이는 웍Wok이 있는데, 그것은 냄비와 프라이팬을 섞어놓은 듯한 모양이다.

국어사전은 '냄비'를 '음식을 끓이거나 삶는 데 쓰는 용구의 하나. 보통 솥보다는 운두가 낮고 뚜껑과 손잡이가 있다.'라고 설명하고 있다.
특정 물건을 가리키는 고유명사이기 때문에 순우리말 대체어는
없는 실정이다.

냄비를 남비라고 표현하는 사람들도 있는데, 냄비가 옳은 표현
이다. 반면 아지랑이를 아지랭이라고 표현하는 사람들도 있는
데, 이것은 아지랑이가 옳은 표현이다.

사용 예

- 난로 위에 올려놓은 냄비에서 물이 끓고 있다.
- 지키는 냄비가 더 더디 끓는다. (속담)

054
노가다

노가다는 공사장의 막노동이나 막벌이 일, 힘들고 고된 일, 또는 그런 일을 담당하는 사람을 가리키는 말이다.

막노동

이 말은 일본어에서 유래한 것으로, 노가다의 일본식 발음은 '도카타どかた'이다. 일본식 한자로는 '土方'이라고 적는데, 잡역부들이 공사장 주변의 변변찮은 토방에서 숙식을 해결하며 일했기 때문에 그렇게 표현한 것으로 추정된다. 하지만 일본에서 카타かた:方는 상대를 높여 부르는 말로, 일의 귀천을 따지지 않는 문화정서도 배어있다.

**막노동
일꾼**

이처럼 일본어 도카타どかた가 우리나라에서는 발음하기 편하게 노가다로 바뀌어 막노동을 일컫는 말로 쓰이고 있다.

처음에는 토목공사장 막일이나 잡역만을 가리키는 말로 쓰였지만, 차츰 육체적인 노동이나 험한 일, 또는 그런 일을 하는 사람 모두를 가리키는 말로 적용 범위가 확장되었다.

국어사전은 '노가다'를 다음과 같이 세 가지 의미로 규정하고 있다.
① 행동과 성질이 거칠고 불량한 사람을 속되게 이르는 말.

② 막일(이것저것 가리지 아니하고 닥치는 대로 하는 노동)의
　잘못.
③ 막일꾼(막일을 하는 것을 직업으로 하는 사람)의 잘못.

사용 예

• "한 달 동안 힘들게 노가다 해서 번 돈을 한순간 유흥비로 다 날리다니 참으로 안타
　깝군!"

• "김대리, 프레젠테이션 준비 잘 되고 있어?"
　"말도 마요. 완전 노가다예요. 디자인 팀에 붙어서 밤새 노가다 했어요."

055
노깡

노깡은 배수로나 우물, 굴뚝 등을 건설할 때 쓰는 관 모양의 건설자재를 가리키는 말이다.

토관

이 말은 한자어 '토관土管'을 일본 사람들이 '도깡どかん'으로 발음한 것을 우리나라 사람들이 '노깡'으로 바꿔 부르는 경우이다. 즉, 토관 → 도깡 → 노깡 순으로 변한 것이다.

옛날에는 흙을 구워 관을 만들었기 때문에 '토관土管'이라 불렀는데, 이후 재료가 바뀌어 오늘날에는 시멘트관이나 동관, 플라스틱관 등이 생산되고 있지만 그대로 노깡(토관)이라 부르는 것이다.

배수로나 굴뚝 등을 건설할 때 쓰는 관

국어사전은 '노깡'을 '토관(土管, 시멘트나 흙을 구워서 만든 둥글고 큰 관)의 잘못'이라고 설명하고 있다.

사용 예

- "두레박줄이 걸려 있는 우물 둘레는 내 가슴까지 차는 시멘트 노깡이었다."
  – 박완서의 소설, 그 산이 정말 거기 있었을까? 중에서 –

- "뺌쁘카는 대기하고 있고, 빨리 공구리 쳐야 하는데 아직 노깡이 안 오다니 이거 환장하겠네!"

056

니꾸사꾸

룩색
rucksack

니꾸사꾸는 배낭을 가리키는 독일어 '루크자크rucksack'를 일본사람들이 '룻쿠삿쿠リュックサック'로 발음한 것인데, 이것이 일제강점기에 우리나라에 들어와 니꾸사꾸로 바뀐 것이다.

독일어 루크자크rucksack의 영어 발음은 럭색rʌksæk이며, 우리나라 외래어 표기법상으로는 '룩색'이다.

국어사전에 '니꾸사꾸'란 말은 없고, '룩색rucksack'이 '등산이나 하이킹 따위를 할 때 필요한 물건을 넣어 등에 지는 등산용 가방'으로 정의되어 있으며, '배낭'으로 순화할 것을 권하고 있다.

학자들은 룩색rucksack이란 말의 어원을 독일 방언 '루켄 사크rucken+sack'로 보고 있다. 독일 산악지대에 사는 일꾼들이 등에 매는 가죽 배낭을 '루켄 사크'라 불렀는데, 그 말이 독일 표준어 루크자크rucksack와 영어 럭색rucksack으로 변화했다는 설이다.

배낭

사용 예
- "소풍 때면 나는 벤또 밥을 책보에 싸서 매고 갔는데, 폼 나게 니꾸사꾸를 매고 온 애들을 보면 마냥 부럽기만 했다."
- "그들은 니꾸사꾸를 둘러메고 산에 약초를 캐러 갔다."

일본어 유래 사전

다구리 ~ 똔똔

다구리
다깡
다대기
다데
다라이
다마
다마네기   닭도리탕   도끼다시
다스   당꼬바지   도라꾸
다시   대끼리   도란스
다이   대빵   도비라
다찌마리   땡깡   독고다이
단꼬   땡땡이가라   돈가스
단도리   데모도   똔똔
단스   도꼬리

— 057 —
다구리

몰매

다구리는 주로 십대들이 쓰는 말로 '여러 명이 한 명을 못살게 굴거나 몰매를 가하는 것'을 말한다.

이 말은 '때리다', '치다'라는 뜻의 일본어 '다구루なぐる'를 우리나라 사람들이 변형하여 쓰는 것이다. 처음에는 불량배들의 은어로 '몰매'나 '패싸움'을 이르는 말로 쓰이다가 일반인들에게도 확산되었다.

요즘은 온라인 게임에서 특정인을 집중 공격하거나 전체 따돌림을 하는 경우에도 '다구리를 놓는다'라는 표현을 쓴다.

국어사전은 '다구리'를 '①(부랑배들의 은어로) 누군가에게 들키는 것을 이르는 말 ②(부랑배들의 은어로) 몰매, 패싸움을 이르는 말'이라고 정의하고 있다.

여러 명이 한 명을 못살게 구는 행위

사용 예

• "그 행인은 10시경에 시내에서 6:1로 다구리를 당했습니다."

• "사람이 땅벌 집을 건드릴 경우, 수백 마리의 벌들이 다구리 치며 달려들어 자칫하면 목숨을 잃을 수도 있습니다."

058
다꽝

무를 소금에 절여서 설탕과 식초로 노랗게
만든 단무지를 다꽝이라고도 하는데, 이는
일본어 '다꽝たくあん'을 그대로 가져와 쓰는
경우이다.

다꽝이란 말의 어원에 관해서는 다음과 같은 두 가지 설이 있다.
일본 전국시대에는 전쟁이 끊이지 않았다. 영주들이 군웅할거
하던 시대에 백성들은 전쟁에 끌려 다니느라 정신이 없었고, 끼
니도 반찬 없이 맨 주먹밥으로 해결해야 했다. 그러자 어떤 스
님이 이를 안타까이 여겨 무짠지를 만들어 주먹밥과 함께 먹게
했다. 그때 그 스님의 이름이 '다꽝'이었으므로 무짠지 이름도
'다꽝'이라 했다는 설이다.

다른 하나는, 일본 에도시대 초기에 도쿠가와 막부에 상당한 영
향력을 행사했던 임제종(중국에 기원을 둔 일본 불교의 한 종
파)의 승려였던 다쿠앙 소호澤庵 宗彭가 개발한 음식이라는 설이
다. 그가 민간 전통기법을 이용해 개발한 '무절임 숙성 고급 반
찬'이 처음에는 '타쿠안즈케沢庵漬け'로 불리다가 차츰 그 이름이
'다꾸앙'으로 바뀌었고, 우리나라에 '다꽝'이란 이름으로 전래
되었다는 설이다.

두 가지 설 모두 공통적으로 스님이 등장하는 것으로 보아 스님

이 개발한 음식은 맞는 것 같고, 명칭은 후자의 설이 좀 더 구체적이어서 유력한 설로 추정된다.

단무지

국어사전은 '다꽝'을 '단무지(무를 시들시들하게 말려 소금에 절여서, 쌀의 속겨로 격지를 지어 담가 만드는 일본식 짠지)의 잘못'이라고 정의하고 있다.

사용 예

- "김밥에 다꽝이 빠지면 앙꼬 없는 찐빵이지!"
- "짜장면 먹을 땐 춘장이랑 다꽝이 있어야 맛있게 먹을 수 있어."

— 059 —
다대기

끓인 간장이나 소금물에 마늘, 생강, 고춧가
루 등을 넣고 다져 만든 양념을 '다대기'라고
한다.

다진 양념

다대기라는 말은 어감이 낯설지 않아 우리
나라 말인 줄 아는 사람들이 많다. 그러나 이
말은 일본어 '다다끼たたき'의 변형이라는 주장이 설득력이 있다.
일본 말로 다다끼는 '다짐', '두들김' 이란 뜻인데, 주로 생선이
나 고기를 다진 것을 '다다끼'라고 한다.

반면, 민족문화대백과사전은 함경도 지방에서 냉면에 넣는 다
진 고춧가루 양념을 '다대기'라고 부른 데서 유래했다고 주장하
고 있다. 함경도지방에서는 '다지다'를 '다디다'라고 발음했는데,
여기서 '다대기'란 말이 나왔다는 것이다.

국어사전은 '다대기'를 '양념의 하나. 끓는
간장이나 소금물에 마늘, 생강 따위를 다져
넣고 고춧가루를 뿌린 다음, 기름을 쳐서 볶
은 것으로, 얼큰한 맛을 내는데 쓴다.'라고

설명하면서 '다진 양념'으로 순화하여 쓸 것을 권하고 있다.

> **사용 예**
> • "아줌마, 여기 다대기 좀 더 주세요. 순대국밥에는 다대기를 듬뿍 넣어야 제 맛
>   이 나거든요."

060
다데

세로 방향 솔기

세로로 길게 제작하는 표구를 '다데 표구'라 하고, 옷감의 세로 방향 솔기를 '다데'라고 한다. 또 당구에서 '다데 치기'는 '길게 치기'라는 뜻으로, 공을 빗겨 치지 않고 각도만을 이용해 세로로 길게 치는 것을 말한다.

다데는 '세로縱'라는 뜻의 일본말 다데たて를 우리나라 사람들이 다데로 발음하며 뜻을 변형하여 쓰는 경우이다.

국어사전은 '다데'를 '①옷감의 날실 또는 세로 방향으로 난 솔기 ②표구를 할 때 세로로 비단을 붙이는 방법'이라고 설명하고 있다.

'다데'라는 말이 특히 표구 용어로 많이 쓰이는 이유는 동양화나 서예 작품이 주로 세로로 길게 그려지거나 길게 쓰이기 때문이다.

세로로 붙이기

사용 예

• "손님, 그림이 멋지네요. 다데로 표구해서 평원목 액자에 넣으면 아주 좋겠어요."
"네. 다데로 표구해주세요."

• "다데로 잘 맞으면 이번 이닝 끝이다."
"생각처럼 그렇게 쉽게는 안 될걸!"

100 우리말 속 일본어 205가지 바로알기

— 061 —
다라이

플라스틱이나 재생고무로 만든 커다란 함지박을 '다라이' 또는 '다라'라고 부른다. 다라이는 용도가 다양하다. 김치를 담글 때는 배추를 절여 놓는 통으로, 빨래를 헹굴 때는 빨래통으로, 심지어는 어린 아기 목욕통으로도 사용한다.

대야

다라이たらい는 '대야大耶'를 가리키는 일본말인데, 우리가 이것을 그대로 가져와 쓰는 것이라고 보는 학자들이 많다.
그러나 〈훈민정음해례〉에 주둥이가 넓은 큰 그릇을 '다야'라고 표기한 기록이 있으며, 중종 때 쓰인 〈훈몽자회〉에도 '대야大耶'라는 표기가 나온다. 이것을 근거로 우리나라 말 '다야'가 일본으로 건너갔다가 역수입된 것으로 보는 학자들도 있다. 공교롭게도 '다라이'를 '다라'라고 하는 것은 우리말 '다야'에 더 가깝다.

어쨌든 일제강점기에 일본으로부터 양철로 만든 큰 대야를 들여오면서 '다라이'란 말을 본격적으로 사용하기 시작했다. 그러다 해방 이후 공장에서 고무나 플라스틱으로 함지박을 대량 생산하면서 이것들도 모두 다라이라 부르게 된 것이다.

국어사전은 '다라이'를 '금속이나 경질비닐 따위로 만든 아가리

101

함지박

가 넓게 벌어진 둥글넓적한 그릇'이라고 정의하면서 '대야', '함지', '함지박'으로 순화해서 쓸 것을 권하고 있다.

사용 예

• "영심아, 뒤 베란다에 가서 다라이 좀 가져오너라."
"할머니, 다라이가 뭐예요?"
"다라이도 몰라? 고무로 만든 큰 대야 말이야. 그거 좀 가져와."

• 그녀는 고무 다라에 물을 받더니 슈퍼에서 사가지고 온 청매실을 몽땅 쏟아부었다.

062
다마

다마たま는 옥이나 옥구슬 또는 알을 가리키는 일본말이다. 그 말을 차용하여 우리나라에서는 동그란 형태의 물건은 모두 '다마'라고 부른다. 옥구슬은 물론, 당구공, 베어링, 슬롯머신 알, 심지어 백열등까지도 다마라고 한다.

구슬

동그란 형태의 작은 물건

국어사전은 '다마'를 '①구슬(유리나 사기 따위로 둥글게 만든 놀이기구)의 잘못 ②전구(전류를 통하여 빛을 내는 기구)의 잘못'으로 규정하고 있다.

참고로, 양파를 가리키는 말 다마네기도 일본말인데, 이는 '다마(알) + 네기(파)'의 합성어로, '알처럼 생긴 파'라는 뜻이다.

사용 예

- "너 왜 울어?"
  "친구한테 내 다마 다 잃었어요."
  "그러니까, 구슬치기만 하지 말고 공부하라고 했잖아."

- "여보, 화장실 다마 나갔어요. 새 걸로 갈아줘요."
  "다마가 뭐야 전구지. 전구라고 하면 갈아줄게."
  "알겠어요. 화장실 전구 좀 갈아줘요."

063
다마네기

양파

다마네기는 양파를 가리키는 일본말인데, 우리가 여과없이 그대로 가져와 쓰는 경우이다.

일본말로 다마たま는 '알' 또는 '구슬'이란 뜻이고, 네기ねぎ는 '파'라는 뜻이다. 그러므로 다마네기たまねぎ는 '알파' 또는 '둥근파'라는 의미이다.
반면, 영어로 '양파'는 어니언onion인데, 이 명칭은 '결합'이란 뜻의 라틴어 union에서 생겨난 말이다.

중앙아시아가 원산지인 양파는 고대 이집트에서는 영원불멸의 식물로 여겨졌다. 그래서 미라를 만들 때 방부제 원료로 쓰거나 제물로도 바쳐졌으며, 피라미드를 건설하는 노동자들에게 마늘과 양파를 먹였다는 기록도 있다. 또 고대 그리스에서는 올림픽 출전 선수들이 체력을 강화하기 위해 양파 주스를 먹거나 몸에 바르기도 했다고 한다.

우리나라에는 19세기 말 미국산 개량종이 일본을 거쳐 들어왔기 때문에 자연스럽게 일본말 다마네기たまねぎ가 유입되었고, 후에 '서양에서 건너온 파'라는 뜻으로 '양파'라고 명칭을 바꿨지만 지금도 여전히 다마네기란 말이

둥근파

104 우리말 속 일본어 205가지 바로알기

많이 쓰이고 있다.

국어사전은 '다마네기'를 '양파(백합과의 두해살이 풀)의 잘못'
이라고 정의하고 있다.

사용 예

- "아저씨, 저기 있는 다마네기 한 망에 얼마예요?"
  "그 양파는 국산인데 한 망에 만원입니다."
- 그 마을은 개량종 다마네기 재배로 가구당 연간소득 수천만 원씩을 올리고 있습
  니다.

064
다스

물건 12개 묶음

물건의 개수를 나타내는 단위인 '다스'는 12개를 한 묶음으로 한다. 이 말은 영어 '더즌 dozen'을 일본 사람들이 '다스ダース'라고 발음한 것인데, 우리가 여과없이 그대로 가져와 쓰는 경우이다.

2천 여 년 전, 로마 사람들은 돈의 양이나 물건의 길이, 넓이, 부피, 무게 등을 나타낼 때 10진법 대신 12진법을 썼다. 12는 2, 3, 4, 6의 배수로서 생활 곳곳에서 편리하게 쓰였다. 1더즌은 12인데, 그 대표적인 흔적이 바로 연필 12자루가 1더즌인 것이고, 1년이 12달인 것도 12진법의 유산이다.

이처럼 로마인들이 사용하던 라틴어가 영어에 유입된 다음 그것이 일본을 거쳐 우리나라에 들어오는 과정에서 더즌이 다스로 변한 것이다.

타 (打)

국어사전은 '다스'를 '물건 열두 개를 묶어 세는 단위'라고 설명하면서 '타打'로 순화하여 쓸 것을 권하고 있다.

사용 예

• "보통 연필 열두 자루를 한 다스 라고 하잖아. 그거 일본말이라는데 적당한 우리말 없을까?"
"국어사전 찾아봐. 타로 바꿔 쓰래. '연필 한 타' 이렇게."

065
다시

다시는 다시마나 멸치, 조갯살 등을 우려내
어 맛을 낸 조미료를 일컫는 말인데, 이것
은 일본어 '다시だし'를 그대로 사용하는 경
우이다.

맛국물

일본말 다시だし, 出汁는 '식재료를 끓여서 우려낸다'라는 뜻을 지
닌 '니다시지루にだしじる'의 준말로, '니다시'로 불리다가 '다시'
로 굳어진 것이다.

일본에서는 다시를 만들 때 천연 재료를 그대로 사용하는 것이
아니라, 건조나 훈연 등의 가공 과정을 거친 재료를 많이 사용
하는데, 특히 다랑어포나 말린 표고버섯으로 만든 다시는 감칠
맛이 나는것이 특징이다.

참고로 우리나라 사람들이 요리할 때 즐겨 사용하고 있는 조미
료 '다시다'는 제일제당에서 일본 아지노모토사의 '혼다시'를 본
떠 개발한 화학조미료 이름이다.

맛가루

이처럼 니다시, 다시, 혼다시, 다시다 등의
명칭은 모두 '맛국물'을 이르는 일본어 '니다
시지루'에서 생겨난 말이라고 볼 수 있다.

국어사전은 '다시'를 '멸치, 다시마, 조개 따위를 우려내어 맛을 낸 국물'로 정의하면서 '맛국물' 또는 '맛가루'로 순화해서 쓸 것을 권하고 있다.

사용 예

• "국물 맛이 너무 밋밋해. 다시로 맛 좀 내 봐."
"알았어. 난 요즘 연두를 맛국물로 쓰고 있는데, 다시다보다 맛이 순하고 깔끔해서 좋아."

066
다이

물건을 올려놓는 받침이나 선반을 '다이'라
고 부르는 사람들이 의외로 많다.

그냥 독립적으로 '다이'라는 말을 사용하기
도 하지만 컴퓨터다이, 당구다이, 공구다이
등과 같이 어떤 명사의 뒤에 붙여 쓰기도 한다.

어떤 물건의 받침이나 지지하는 틀을 한자로는 '대臺'라고 표현
하는데, 이것을 일본 사람들이 '다이だい'라고 발음했고 그것을
우리가 그대로 가져와 쓰는 경우이다.

받침

국어사전은 '다이'를 '다른 물건의 밑에 대는
데 쓰게 만든 물건의 잘못'으로 정의하고 있
으며, '받침'으로 순화해서 쓸 것을 권하고
있다.

사용 예
- "인호야, 다용도실 다이 위에 공구함이 있으니 그것 좀 가져와라."
- "회사 체육실에 당구다이 놓았더라. 직원들 사기진작 차원이래."

067
다찌마리

격투 신

다찌마리는 주로 영화제작 현장에서 쓰는 용어로, '격투 신'이나 '핸드 헬드 촬영기법'을 이르는 말이다. 이는 일본어 '타찌마와리 たちまわり'의 준말로 '서서 빙글빙글 돈다'라는 뜻이다.

권투, 레슬링, 검도, 합기도 등 모든 격투기에서 싸울 때 서로 상대방을 보고 빙글빙글 도는데, 이것을 타찌마와리라고 한다. 이 말을 우리나라에서는 '다찌마리'로 발음하면서 '격투신'을 이르는 말로 쓰고 있는 것이다.

영화 촬영기법 중에 '핸드 헬드Hand Held' 또는 '헬드 인 핸드Held In Hand'라는 기법이 있다. 촬영기사가 카메라를 삼각대에 올려놓지 않고, 직접 들고 찍는 방식이다. 핸드 헬드 일 때는 앵글이 불안정한 것이 특징인데, 이 경우 '다찌마리로 찍는다'라고 표현한다.

다찌마리로 찍을 때는 촬영자의 호흡이 느껴지는 관계로 등장인물의 혼란스러운 심정이나 혼란스런 격투장면을 보다 잘 표현할 수 있다.

헨드 헬드 촬영기법

사용 예

• "아무래도 감정이 안 살아나네. 이번엔 카메라 직접 들고 다찌마리로 찍어봅시다."

110 우리말 속 일본어 205가지 바로알기

068
단꼬

단꼬는 특정 기자들끼리만 보도하기로 약속
하고 기사를 내보는 행위로, '현장 기자들 간
의 담합談合'을 일컫는 은어이다. 보통 소수
기자들만 기사를 공유할 때 '단꼬를 맺는다'
라는 표현을 쓴다.

기사 담합

단꼬だんこ, 單行는 일본말로 '단독으로 행함'이라는 뜻이지 '사전
협의'나 '자기들끼리만의 약속' 등과는 아무런 상관이 없는 말이
다. 그런데 그것을 우리가 '담합 행위'를 일컫는 말로 쓰고 있는
것이다.

현장 기자들 사이의 기사 담합은 크게 다섯 가지로 나눌 수
있다.

담합 행위

① 취재 양이 너무 많아 도저히 한 언론사의
기자가 쓸 여력이 없을 때의 담합.
② 여러 기자들이 나눠서 취재한 다음 취합
하여 보도하는 분업형 담합.
③ 특정 언론사 기자만 낙종(落種−특종의
반대말)시키고 나머지 기자들이 일제히
내보내는 왕따형 담합.
④ 특정 대상을 정하여 여러 기자들이 작심하고 비판하는 조폭
형 담합.

111

⑤ 기삿거리임에도 귀찮아서 쓰지 않거나 봐주기 위해 보도하지 않는 배임형 담합.

속어이기 때문에 국어사전에는 '단꼬'라는 말이 나와 있지 않다.

사용 예

• "김기자, 이번 사건은 워낙 유동적이니까 엠바고 걸리기 전에 빨리 고려일보랑 단꼬 맞어서 내보내라구!"
  ※ 엠바고(embargo) : 일정한 시간까지 보도를 금지함.

069
단도리

단도리는 일을 진행할 때 탈이 나지 않도록 단속하거나 마무리를 잘 하는 것을 이르는 말이다. 특히 공사현장이나 산업현장에서 실수 방지 또는 안전을 위해 마무리 작업을 잘 하라는 뜻으로 단도리라는 말을 많이 쓴다.

마무리

어감이 낯설지 않아 우리말인줄 아는 사람들이 많은데, 사실은 일본말을 그대로 가져와 쓰는 경우로서, 일본어 단도리だんどり의 원 뜻은 '일을 진행하는 순서나 방법'이다.
일본어의 원 뜻이 과정에 중점을 둔 반면, 우리는 마무리에 중점을 두는 말로 사용하고 있는 것이다.

단속

국어사전은 '단도리'를 '①채비를 속되게 이르는 말 ②단속團束을 속되게 이르는 말'이라고 설명하고 있다.
우리말 '단속'의 정확한 뜻은 '주의를 기울여 다잡거나 보살핌'이다.

사용 예

- "너 지난번에 가스 켜둔 채 나가서 냄비 홀랑 태웠잖아. 외출할 때 밸브 단도리 좀 잘 하고 나가."
- "애들 식당에서 뛰어다니지 않게 주의 좀 주세요. 자식 단도리 잘 못하면 부모가 욕먹어요."

070
단스

여러 층으로 된 서랍장

단스는 옷이나 가정용품 등을 차곡차곡 넣을 수 있도록 만든 여러 층으로 된 서랍장을 가리키는 말이다.

이 말의 어원을 보면, 옛날 일본에서는 대광주리로 만든 상자에 의복 등을 넣어 두었다. 그래서 대광주리 단簞자와 상자 사笥자를 써서 단사簞笥라 표기하고 이를 단스たんす로 읽었다. 그것을 우리나라 사람들이 차용하여 서랍장이나 진열장을 가리키는 말로 쓰고 있는 것이다.

단스의 파생어로 차단스茶たんす가 있는데, 예전에는 찻잔이나 다기 등도 서랍장에 보관했기 때문에 생겨난 말이다.

국어사전은 '단스'를 '장롱欌籠을 속되게 이르는 말'이라고 정의하면서 '옷장', '장롱', '진열장' 등으로 순화하여 쓸 것을 권하고 있다.

사용 예

• "영심아, 내 옷들 차곡차곡 개서 단스에 좀 넣어라."
"할머니, 단스가 뭐예요?"
"단스도 몰라? 할머니 방에 있는 옷 넣어두는 서랍장 말이야."

114   우리말 속 일본어 205가지 바로알기

071
닭도리탕

국립국어원은 도리とり가 일본어로 새鳥를 뜻하기 때문에 닭도리탕의 어원을 일본어로 보고 있다.

그러나 다른 한편에서는 일본에는 닭도리탕과 같은 음식이 없을 뿐만 아니라, 닭도리탕의 '도리'를 일본어로 본다면 '닭새탕'이라는 이상한 번역이 되기 때문에 닭도리탕을 순 우리말로 보는 견해도 있다.

칼이나 낫, 막대기 등으로 둥글게 빙 돌려서 베거나 파는 것을 우리말로 '도리다'라고 표현하는데, 여기서 '도리'라는 말이 나왔다는 것이다. 닭고기를 둥글게 도려서 끓인 탕이 '닭도리탕'이라는 주장이다.

닭볶음탕

국어사전은 '닭도리탕'을 '닭볶음탕(닭고기를 토막 쳐서 양념과 물을 넣고 끓인 음식)의 잘못'이라고 정의하고 있다.

1980~90년대 까지만 해도 대부분의 사람들이 닭고기에 통감자를 넣어 얼큰하게 끓인 탕을 닭도리탕이라고 불렀지만, 요즘은 그 말 대신 닭볶음탕이라는 표현을 쓰는 사람들이 많아졌다.

사용 예

- "아줌마, 여기 닭도리탕 2인분 주세요."
  "아, 닭볶음탕 말인가요? 방송에서 닭도리탕이란 말 쓰지 말라던데요."

115

072
당꼬바지

밑단이 종아리에 착 달라붙는 바지

당꼬바지라는 말은 일본어로 '탄광'을 뜻하는 '당꼬だんこう'와 우리말 '바지'를 합쳐서 만든 합성어이다. 어원 그대로 하면 '탄광바지'라는 뜻이다.

보통 거친 노동이나 운동을 할 때, 바지 밑단이 넓으면 거치적거려 위험하고 불편하다. 그래서 안전하고 활동성이 좋은 옷을 찾다 보니 밑단이 종아리에 착 달라붙는 바지가 필요했다. 그래서 생겨난 옷이 당꼬바지이다.

당꼬바지는 처음에는 탄광노동자들이 입는 바지만을 가리키는 말이었다. 그러다 차츰 적용범위가 넓어져 일제강점기에 일본 순사들이 입었던 바지나 몸에 착 달라붙는 승마바지, 기타 종아리가 좁은 바지를 통칭하는 말이 되었다.

국어사전은 '당꼬바지'를 '위는 펄렁하고 밑은 단추 등으로 여미어 딱 붙게 한 바지'라고 정의하고 있다.

우리나라에서는 1970년대 초중반에 당꼬바지가 크게 유행한 적이 있고, 다시 복고풍이 불어 요즘에는 당꼬바지가 패션의 한 형태로 자리 잡았다.

신축성이 좋고 몸에 짝 달라붙으면서 밑단이 좁은 바지를 보통 '쫄쫄이바지'라고도 하는데, 이는 당꼬바지와는 용도나 모양이 좀 다르다. 쫄쫄이바지는 주로 운동용으로 많이 입는데, 위아래가 모두 몸에 착 달라붙는 것이 특징이다.

사용 예

• "요즘 젊은 애들 보니까 당꼬바지가 다시 유행하더라."
"그러게. 우리 어릴 때도 당꼬바지 많이 입었잖아."

073
대끼리

매우 좋다

'그거 아주 대끼리야.' 또는 '오늘 기분이 대 끼린데!'라고 말할 때, 여기서 '대끼리'는 '매 우 좋다'라는 의미이다.

1950~70년대에 유행하던 말이고, 지금도 일부 사람들은 가끔 사용하는 말이다. 주로 '대끼리'라는 말 뒤 에 '이다'를 붙여 동사로 사용하기도 하지만 '대끼리포차', '대끼 리상회' 등과 같이 고유명사화 해서 쓰기도 한다.

대끼리란 말은 일본어 '댓끼리てっきり'에서 온 것으로, 본 뜻은 '틀림없이', '꼭', '생각 대로임', '아니나 다를까' 등이다. 그것을 우리나라에서는 대끼리로 발음하며 '매우 좋다'라는 의미로 쓰 고 있는 것이다.

일부 언어학자들은 대끼리란 말이 일본어에 서 온 것이 아니라, 오히려 우리말 '대길이大 吉이'가 일본으로 건너가 '댓끼리てっきり'가 된 것이고, 그것이 일제 강점기에 역수입 된 것 이라고 주장하기도 한다.

최상이다

표준국어사전에는 '대끼리'란 말이 나와 있지 않다. 오픈국어사 전에는 '대끼리'가 "①아주 좋음의 의미로 사용되는 경상도 사투리 ②大吉이라는 한자어에서 유래된 듯하고, 굳이 풀이하자면 '크게 길하다', '매우 좋다', '최고다', '훌륭하다' 등 다양한 의미로 쓰이는 은어이다."라고 정의되어 있다.

사용 예

- "야, 그런 말 하지 마. 숙취해소엔 뭐니 뭐니 해도 고춧가루 들어간 얼큰한 콩나물국이 대끼리야!"

- "오늘은 기분이 샤방샤방한 게 아주 대끼리입니다."

074
대빵

우두머리

어떤 조직이나 모임 등의 우두머리를 '대빵'이라는 속어로 표현하기도 한다. 최고 책임자나 두목에 대한 격의 없는 표현 또는 비하성 속어이다.

대빵이 부사로 쓰일 때도 있다. '대빵 많이 잡았어.'라던가 '그거 대빵 커.'라고 말할 때는 '엄청', '무척', '최고로'라는 뜻이다.

국어사전은 '대빵'을 "은어로, '크게 또는 할 수 있는 데까지 한껏'이라는 뜻을 나타내는 말"이라고 부사의 의미만 정의할 뿐, 명사의 의미는 정의하지 않고 있다.

대빵은 철판鐵板을 뜻하는 일본어 뎃판てっぱん에서 유래한 말이다. 그것이 우리나라에 들어와서는 전혀 다른 의미인 우두머리, 대장, 최고, 엄청 이런 뜻으로 쓰이는데, 그 이유는 정확히 알려진 바가 없다.

어떤 사람들은 대빵이란 말이 '큰 것'을 나타내는 한자어 대방大邦 또는 대방大方에서 유래한 것으로 알고 있기도 하다. 그러나 한자어 대방大邦은 큰 나라, 즉 대국大國을 뜻하는 말이고, 대방大方은 한방에서 '작용이 강한

엄청, 무척

120 우리말 속 일본어 205가지 바로알기

약을 단번에 많이 써서 중한 병을 다스리는 처방'을 이르는 말
이므로 대빵의 어원이 아니다.

사용 예

- "대빵이 지금 저기압입니다."
  "왜?"
  "하반기 영업실적이 엉망이잖아요. 그래서 신경이 곤두섰다니까요!"

- "엄마, 하늘에 대빵 큰 달이 떴어."
  "그래? 근데 우리 아들 대빵이란 말보다 엄청이란 말 쓰면 좋겠는데."

075
땡깡

생떼

아이가 자신이 원하는 것을 들어주지 않으면 떼를 쓰며 우는 경우가 있다. 이때 부모들은 '땡깡을 부린다'라는 표현을 쓴다. 그런데 뜻밖에도 '땡깡てんかん'이란 말은 '간질'을 뜻하는 한자어 '전간癲癎'의 일본식 발음이다. 이것을 우리나라에서는 '어떤 사람이 행패를 부리거나 억지를 쓰는 행위' 혹은 '어린애가 심하게 투정을 부리는 행위'를 가리키는 말로 쓰고 있는 것이다.

일제 강점기 때, 일본 관리들이 고분고분하지 않는 조선인들에 대해 간질병환자처럼 말도 통하지 않고 골치 아픈 존재라는 뜻으로 사용한데서 비롯된 것이다.

억지

이런 내용을 안다면 우리는 반드시 땡깡이란 말을 '생떼' 또는 '억지' 등으로 바꿔 써야 할 것이다. 국어사전도 '땡깡'을 '생떼를 속되게 이르는 말'이라고 정의하고 있다.

사용 예

• "우리 아이가 미운 네 살 이라 그런지 요즘 수시로 땡깡을 부려요."
"어머, 그래요? 우리 애도 요즘 툭하면 생떼를 쓰는데, 버릇될까 봐 일부러 단호하게 야단쳐요."

122 우리말 속 일본어 205가지 바로알기

076
땡땡이가라

물방울 모양 무늬나 점점이 박힌 무늬를 '땡땡이가라'라고 하는데, 이는 일본어 두 개를 한국식으로 조합해서 만든 말이다. 즉, 땡땡은 일본 사람들이 한자어 '점점點點'을 '덴텐 てんてん'으로 발음한 것인데 우리가 '땡땡'으로 인용하여 접미사 '이'를 붙인 것이고, 가라から는 '무늬'라는 뜻의 일본어를 그대로 가져와 합성한 것이다. 따라서 '땡땡이가라'는 '점박이무늬'라는 뜻이다.

점박이 무늬

국어사전에 '땡땡이가라'라는 말은 나와 있지 않고, '땡땡이'가 '물방울무늬'로 나와 있다.

물방울 무늬

땡땡이가라는 남녀노소 누구나 다 좋아해서 유행을 타지 않는 무늬이다. 멋스러운 땡땡이가라 치마나 블라우스는 대부분의 여성들이 좋아하는 의상이며, 심지어 남자들까지도 땡땡이가라 넥타이를 즐겨 사용한다.

사용 예

- "여름 치마는 땡땡이 가라가 시원해 보이고 예쁘지 않니?"
  "맞아, 물방울무늬는 예쁘기도 하고 다른 무늬보다 훨씬 시원해 보여."

077
데모도

조력공

공사 현장이나 인력사무소에서는 조력공 또는 잡부를 종종 데모도라고 부른다. 특별한 기술 없이 자재나르기나 심부름, 청소, 오물 수거 등 허드렛일을 하는 사람을 말한다.

데모도는 일본어 테모또てもと, 手元를 우리식으로 발음해서 쓰는 경우이다. 데모또의 정확한 뜻은 '손이 미치는 범위', '자기 주위', '손잡이', '조수' 등이다. 이것이 우리나라에서는 조력공, 조수, 보조, 허드레일꾼 등을 지칭하는 말로 쓰이는 것이다.

국어사전은 '데모도'를 '공사장에서 많이 사용하는 말로서, 기능공을 도와 함께 일을 하는 조공을 일컫는 말이다.'라고 설명하고 있다.

보조원이라는 우리말을 놔두고 일제 강점기 때부터 데모도라는 말이 쓰이기 시작해서 우리말 속에 깊이 파고들었는데, 지금도 여전히 공사 현장이나 산업현장에서는 상용어로 쓰이고 있다.

보조원

사용 예

• "내일 공구리 데모도 세 명 필요한데 보내줄 수 있나요?"
"가능합니다. 일 잘하는 사람으로 세 명 보내드릴게요."

— 078 —
도꼬리

나이든 어머니들은 겨울철이 되면 아이들에게 목 부분이 긴 스웨터를 건네주며 '날씨 춥다. 이거 따뜻하게 도꼬리 입고 나가라.'라고 말씀하신다.

목이 긴 스웨터

도꼬리는 목을 감싸는 스웨터를 말한다. 원래는 목이 긴 술병을 가리키는 일본말 도쿠리とくリ인데, 그것을 우리식 발음과 의미로 변형해서 쓰는 경우로서, 목이 긴 조막병과 목이 올라오는 스웨터의 모양이 비슷해서 그렇게 부르는 것이다.

표준국어사전에는 '도꼬리'라는 말이 나와 있지 않고, 오픈국어 사전에서는 '도꼬리'를 '원래 목이 긴 조막병을 일본말로 '도쿠리'라고 하는데, 목이 올라오는 스웨터와 모양이 비슷하기 때문에 목이 긴 스웨터를 가리키는 말로 변이 되었다.'라고 설명하고 있다.

터틀넥 스웨터

요즘은 도꼬리라는 말 대신 '터틀넥 스웨터 turtleneck sweater'라는 영어를 더 많이 쓰지만, 나이든 어른들은 여전히 도꼬리란 말을 자주 사용한다.
영어 turtle neck의 본 뜻은 '자라목'이다.

일본식 선술집에서는 목이 긴 조막병에 든 술을 도쿠리とくり라
고 하는데, 사실은 조막병 자체가 도쿠리이지만 그 안에 든 술
까지도 도쿠리라고 부르는 것이다.

사용 예

- "뭐니 뭐니 해도 겨울철엔 도꼬리가 최고야. 안에 도꼬리를 입고 패딩을 입어야 안
  춥다니까."
- "아주머니, 여기 따뜻한 도쿠리 한 잔 더 주세요."

079
도끼다시

도끼다시 또는 도키다시라는 말은 일본어 토기다시とぎだし의 한국식 발음이고, 원 뜻은 '돌 따위를 갈아서 윤이나 무늬를 내는 것'을 말한다.

갈아내기

우리나라에서는 주로 건축 현장에서 많이 쓰이는 말인데, 건물의 울퉁불퉁한 시멘트 바닥을 곱게 갈아 매끄럽게 하거나 자연석 또는 인조석 등을 기계로 갈아 윤을 내는 것을 일컫는 말이다.

건물의 바닥이나 계단을 매끄럽게 갈아놓으면 바닥에 끼는 먼지도 줄고, 물청소가 쉬워 시멘트 건물은 반드시 이 공정을 거친다.

바닥 갈기

국어사전에 '도끼다시' 또는 '도키다시'란 말은 없고, 일한사전은 토기다시とぎだし를 '(돌 따위를) 갈아서 윤이나 무늬를 냄. 또는 그렇게 한 것'이라고 정의하고 있다.

실생활을 반영한 우리말로 대체하자면 '갈아내기', '바닥 갈기' 정도가 되겠다.

사용 예
• "내일부터 벽 미장 들어가야 합니다. 오늘 중으로 바닥 도끼다시 끝내 주세요."

127

080
도라꾸

트럭

일제 강점기 때 우리나라에 들어온 화물자동차는 국가 근대화와 밀접한 관련이 있다. 도로나 철도, 항만 등을 건설할 때 화물자동차는 필수적이었다. 6·25 전쟁 직후 국가 재건의 현장에서도 화물자동차는 그 역할을 충실히 수행했다.

그런 화물자동차를 어떤 사람들은 '도라꾸'라고 부르기도 한다. 이 말은 영어 트럭truck을 일본인들이 도라꾸 トラック라고 발음한 것인데, 우리나라 사람들이 여과없이 그대로 가져와 쓰는 경우이다.

국어사전도 '도라꾸'를 '트럭truck의 잘못'이라고 규정하고 있다.

지금은 오히려 우리나라가 자동차 생산 선진국이 되어 각종 화물자동차나 특수차를 여러 종 생산하여 수출까지 하고 있지만, 6·25전쟁 직후만 해도 미국 GM사의 투박한 중고 화물자동차들이 건설현장 곳곳을 누볐다.

**화물
자동차**

그리고 그때 그 화물자동차들은 트럭이란 명칭보다 도라꾸란 이름이 더 잘 어울렸다. 지금도 종종 사람들은 새 화물자동차는 트럭이라 부르고, 낡은 화물자동차는 도라꾸라 부르기도 한다.

128 우리말 속 일본어 205가지 바로알기

참고로 영어 트럭truck의 어원은 라틴어 트로첼리아trochlea이며, 이는 '도르레'라는 뜻이다.

트로첼리아가 바퀴를 가리키는 중세영어 트로켈trokell과 근세영어 트럭클truckle로 변화한 뒤, 화물자동차를 일컫는 현대영어 트럭truck으로 발전한 것이다.

사용 예

- "10리나 되는 비포장 길을 눈이 오나 비가 오나 걸어서 학교를 다녔는데, 가끔 지나가는 도라꾸가 태워주기라도 하면 친구들한테 차타고 왔다고 자랑을 하기도 했다."

- "뭐 하러 가는 지도 모르고, 돈 벌러 가는 거라고 도라꾸에 태워줘서 갔더니만 일본군부대더라고." - 위안부 할머니의 증언 -

081
도란스

변압기

도란스는 전기변압기, 즉 전류의 감응원리를 이용하여 교류의 전압을 높이거나 낮추는 장치를 일컫는 말이다.

이 말은 영어 트랜스trans를 일본 사람들이 '도란스トランス'로 발음한 것을 우리가 그대로 가져와 쓰는 경우이다. 영어로 변압기의 풀 네임은 트랜스포머transformer이다. 국어사전도 '도란스'를 '전자 상호 유도 작용을 이용하여 교류 전압이나 전류의 값을 높이거나 낮추는 장치. 영어 트랜스포머 transformer에서 온 말이다.'라고 설명하고 있다.

도란스, 즉 변압기는 교류 전원의 종류에 따라 단상변압기와 삼상변압기가 있고, 철심과 권선구조에 따라 내철형변압기와 외철형변압기가 있다.

지금은 전압이 통일되어 거의 사용하지 않지만 1980년대만 해도 도란스는 일반 가정에서 흔히 볼 수 있는 용품이었다. 그 당시는 가정으로 들어오는 전원이 100V에서 220V로 바뀌는 시기로, 기존의 100V용 전기기기들을 위해서 가정집에 100V 라인과 220V 라인이 혼재되었던 시절이다. 그래서 전압을 높이거나 낮추기 위해 도란스가 필요했다.

도란스에 스위치 겸 누전차단기가 붙어있는
경우가 많아서 도란스를 내리라는 말이 곧
누전차단기 스위치를 내리라는 말로 통용되
기도 했다.
요즘은 가끔 외국 전기제품을 쓸 때 한국의
전압과 맞지 않아서 도란스를 사용하기도 한다.

사용 예

- "해외에서 직구한 드라이기인데 전압이 맞지 않네. 도란스를 써야겠어."
  "도란스가 뭐야. 변압기지."
  "맞아. 도란스는 일본말이니까 앞으론 변압기라고 할게."

082
도비라

장 구분 표지

책 속의 새로운 장章 표지나, 단락을 구분하는 속표지를 보통 '도비라'라고 부른다.

그런데 이 말은 우리나라 출판업계가 일본어를 그대로 가져와 쓰는 경우로, 일본어 도비라とびら의 원 뜻은 '문짝', '(책의) 안 겉장', '(잡지의) 본문 앞의 첫 페이지' 등이다.

국어사전에는 '도비라'라는 말이 없는데, 우리말로 하면 '장표지' 또는 '속표지' 정도가 적당하다.

출판물을 생산하는 과정에서 일본어가 많이 쓰이는 이유는 건설분야에서와 마찬가지로 그 기술이 일본으로부터 전수되었기 때문이다.

속표지

일본어 잔재에 대한 비판의 목소리가 있으나, 그럼에도 출판의 각 공정에 대한 우리말 개발이 미흡한 편이다.

사용 예

• "도비라 디자인이 너무 칙칙해요. 좀 더 밝게 할 수 없을까요?"
"이 책은 동양 고전인데 도비라를 밝게 하면 내용과 잘 안 어울려요."

083
독고다이

동료들과 어울리지 않고 혼자 다니는 사람
이나 자기 마음대로 행동하는 사람을 '독고
다이'라고 부른다. 또 조직폭력배들 사이에
서 싸움이 벌어졌을 때, 단체를 이뤄 여러 명
이 싸우지 않고 혼자서 싸우는 경우 '독고다

이로 붙는다'라는 표현을 쓴다. 그런가하면 화투판에서는 먹을
게 없을 때, '에라, 독고다이로 가자'라는 말을 쓰기도 한다.

독고다이라는 말은 제2차 세계대전 당시 일본의 자살 특공대와
관련이 있다. 일본에서는 혼자서 소형비행기를 타고 적진으로
돌진하여 자폭하는 특공대를 '카미카제 돗코타이'라 불렀다. 카
미카제かみかぜ는 '신풍神風'이란 뜻이고, 돗코타이とっこうたい는
'특공대特攻隊'의 일본식 발음이다. 따라서 카미카제 돗코타이か
みかぜ とっこうたい는 '신풍특공대神風特攻隊'란 뜻이다. 이중 돗코타
이를 차용한 말이 우리가 쓰는 독고다이이다.

**혼자서 일을
감당하거나
처리하는 것**

독고다이의 어원 돗코타이는 '특공대'
라는 뜻이지만 여기서 독고를 한자 獨
孤로 생각하면 어감 상 혼자서 무엇을
외롭게 감당하는 의미로도 여겨져 '독
고다이'란 말이 더욱 확산되었다.

요즘은 독신가구가 늘어나면서 '독고다이 인생'이라는 자조적인
표현도 자주 쓰인다.
국어사전은 '독고다이'를 '스스로 결정하여 홀로 일을 처리하거
나 그런 사람을 속되게 이르는 말'이라고 정의하고 있다.

사용 예

• "그 형님이 저쪽 나와바리에 가서 독고다이로 붙었습니다. 정말 대단하십니다."

• "인생, 뭐 있냐? 독고다이 인생이지. 혼자 살다 혼자 죽는 거야!"

— 084 —
돈가스

얇게 저민 돼지고기에 밀가루나 빵가루, 달걀 등을 입혀 튀기고 그것에 소스와 밥을 곁들여 먹는 음식을 '돈가스' 혹은 '돈까스' 라고 부른다. 그런데 이 말은 일본 사람들이 서양 음식 커틀릿을 개량하여 만든 음식 '돈가쯔豚カツ'의 한국식 명칭이다.

일본이 개량한 포크커틀릿

국어사전은 '돈가스'를 '포크커틀릿(빵가루를 묻힌 돼지고기를 기름에 튀긴 서양요리)'로 정의하면서 '돼지고기 너비튀김', '돼지고기 너비튀김 밥', '돼지고기 튀김'으로 순화할 수 있다고 밝히고 있다.

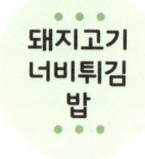

돼지고기 너비튀김 밥

서양 음식인 '커틀릿(커틀렛)'이 일본에 전해지자 그들은 그것을 '가쯔레쯔カツレツ'라 불렀다. 그리고 이를 줄여 '가쯔カツ'라고 했다. 가쯔는 재료에 따라 '비프가쯔', '포크가쯔', '치킨가쯔', '가쯔라이스' 등으로 분류된다.

이중 포크가쯔는 처음에는 먹기 편하도록 돼지고기를 맥주병으로 두드려 연하게 한 다음 튀겨서 소스를 곁들인 것이었는데, 나중에는 두꺼운 돼지고기를 저며서 튀긴 다음 적당한 크기로 썰어 밥과 된장국을 곁들이고, 잘게 썬 양배추를 첨가하여 겨자나 소스로 기호에 맞게 먹도록 했다. 이것이 바로 일본식 '돈가

쯔豚カツ, とんかつ'이며, 우리나라에 들어와 '돈가스(돈까스)'가 되었다.

지금은 흔한 음식이 되었지만, 60~70년대만 해도 돈까스는 특별한 날에 경양식집에서나 먹을 수 있는 고급 음식이었다.

사용 예

• 레스토랑에 들어간 우리는 창가 자리에 앉아 돈가스와 햄버그스테이크를 주문했다.

085
똔똔

같음

우리가 무심코 사용하는 말 중에 '똔똔'이라는 말이 있다. 이는 '이익도 손해도 아님', 또는 '수입과 지출이 같음'을 나타내는 말이다. 경제적인 상황뿐만 아니라 비교 대상과의 별 차이가 없음을 나타낼 때도 이 말을 쓴다.

그런데 똔똔이란 말은 어감상 우리말 같지만 사실은 일본어 돈돈とんとん에서 유래했다. 일본어 돈돈은 의성어로, 우리말로 치면 가볍게 두드리는 소리 '똑똑'이나 '툭툭'에 해당하는 말이다. 똑똑이나 툭툭 말고도 일이 순조롭게 진행되어가는 상황 '척척'이나 둘 사이의 우열이 비슷한 상황 또는 어상반한 상황도 일본 사람들은 '돈돈'이라고 표현한다.

엇비슷함

이러한 돈돈이 우리나라에 들어와 똔똔으로 발음되며 의성어의 의미는 사라지고 '엇비슷한 상황' '수지가 균형 잡힘' '우열이 팽팽함'등을 나타내는 말로 쓰이고 있는 것이다. 똔똔과 비슷한 말 '또이또이'도 일본어 돈돈에서 유래한 말이다.

그러나 일부 학자들은 똔똔이나 또이또이라는 말이 일본어에서 유래한 것이 아니라 한자어 '동동同同'에서 유래했다고 주장하기도 한다.

국어사전에 '똔똔'이란 말은 없고, '또이또이'가 '비슷하다, 똑같다, 엇비슷하다의 뜻으로 쓰인다.'라고 나와 있다.

사용 예

- "김 사장님, 장사 잘 됩니까?"
  "요즘 경기가 안 좋다 보니 똔똔하기도 힘듭니다."
- "지난번에 너 2만 원 빌려갔지? 그거 안 갚아도 되니까 오늘 저녁 사라."
  "그래? 그럼 똔똔이네."

일본어 유래 사전

라이방 ~ 레자

라이방
레미콘
레자

086
라이방

비행사들이 착용하는 스타일의 검은색 선글라스를 보통 '라이방'이라 부른다.

라이방은 미국 의료기 제조회사 바슈롬사社가 만든 선글라스 '레이 밴ray ban'을 일본사람들이 라이방ライバン으로 발음하며 검은색 선글라스를 가리키는 보통명사로 사용한 것인데, 우리가 그대로 가져와 쓰는 경우이다.

의료용 현미경과 망원경 개발 전문 회사인 바슈롬사社가 눈부심 방지 렌즈로 특허를 획득해 색안경을 만든 것은 1936년이다. 바슈롬사는 태양광선을 막는다는 의미에서 '레이밴ray ban'이란 이름을 붙였다. ray는 '광선'이란 뜻이고, ban은 '금지하다, 막다'라는 뜻이다.

우리나라에서는 특히 일반 선글라스와 구분하여 짙은 색의 선글라스를 라이방이라 부르는데, 국어사전은 '라이방Ray Ban'을 '테가 가는, 색깔이 있는 렌즈를 끼운 안경. 상품명에서 나온 말이다.'라고 설명하면서 '보안경' 또는 '색안경'으로 순화할 수 있다고 밝히고 있다.

간혹 '라이방'을 '나이방'으로 표현하는 사람들도 있는데, 외래

142 우리말 속 일본어 205가지 바로알기

어 표기법상 '라이방'이 맞는 표현이다.

오늘날 복고풍으로 유행하는 얼굴을 반쯤 가
리는 에비에이터 스타일의 선글라스는 라이
방의 대표 격인데, 이는 원래 비행 조종사들
의 안경에서 유래했다. 에비에이터 스타일
선글라스의 대표 상품으로는 1970년대에 크
게 유행한 '보잉선글라스'가 있다.

**비행사
스타일의
짙은 색
선글라스**

사용 예

- "영화 '탑건(Top Gun)'에서 라이방을 쓴 톰 크루즈의 모습은 아주 매력적이었
다. 그로 인해 라이방은 남자들의 로망이 되었다."

087

레미콘 *Remicon*

레디 믹스드 콘크리트 (Ready mixed concrete)

현장에서 바로 쓸 수 있는 아직 굳지 않은 콘크리트를 레미콘이라고 한다. 이 말은 일본의 오노다 시멘트제조사社가 '이미 반죽된 콘크리트'라는 뜻의 영어 'Ready mixed concrete'의 앞 글자를 따서 만든 말인데, 우리가 그대로 가져와 쓰는 것이다.

어원에서 알 수 있듯이 레미콘レミコン은 시멘트와 모래, 자갈 등을 공사현장으로 싣고 가는 도중에 물로 반죽해서, 현장에 도착하면 별도의 공정 없이 바로 쓸 수 있도록 만든 기성 콘크리트이다.

양회반죽

국어사전은 '레미콘'을 '①콘크리트 제조 공장에서 아직 굳지 않은 상태로 차에 실어 그 속에서 뒤섞으며 현장으로 배달하는 콘크리트 ②콘크리트가 굳지 않도록 개면서 운반하도록 장치한 트럭'이라고 정의하면서 '양회반죽' 혹은 '회반죽'으로 순화해서 쓰도록 권하고 있다. 하지만 실생활에서는 거의 레미콘으로 고착화 되어 잘 고쳐지지 않고 있다.

세계 최초로 콘크리트 건축법을 개발한 민족은 로마인들이다.

그들은 화산재를 섞은 로만 콘크리트를 사용했다. 로만 콘크리트는 오래가고 소금기에 강한 특징이 있다. 이는 화산재가 골재의 틈새를 막아 콘크리트를 보호하기 때문이다. 현대의 콘크리트는 화산재와 비슷한 효과를 내는 양회를 섞어 만든다.

세계 최초의 레미콘은 1903년 독일의 건설업자 마겐스J.H Magens가 개발했으며, 우리나라 최초의 레미콘 공장은 1965년에 세워진 '대한양회 서빙고 공장'이다.

사용 예

- "재개발지역 학교 인근 공사장에 가보면 주변 도로에까지 레미콘 차들이 줄줄이 서있습니다. 자칫 사고의 위험이 있어 학부모들의 민원이 빗발치고 있습니다."

088
레자

인조가죽

가구점에서 소파를 고를 때나 겨울철 가죽옷을 고를 때, 재질이 천연가죽인지 인조가죽인지 묻곤 한다. 이 때 인조가죽이면 '레자'라는 말을 쓰는데, 이는 영어 leather를 일본 사람들이 레자レザ-로 발음한 것이고, 그것을 우리가 그대로 가져와 쓰는 경우이다.

그런데 역설적이게도 영어 레저leather는 인조가죽을 가리키는 말이 아니라 천연 가죽을 가리키는 말이다. 영어로 인조가죽은 아트피컬 레저artifical leather 또는 이미테이션 레저imitation leather이다.

국어사전은 '레자'를 '인조가죽(인공적으로 만든 가죽)의 잘못'이라고 정의하고 있다.

합성피혁

천연가죽과 인조가죽은 육안으로는 구별하기 힘들고, 냄새로 구별이 가능하다. 천연가죽에서는 특유의 동물냄새가 나는 반면, 인조가죽에서는 염료냄새가 난다. 또 다른 특성으로는 인조가죽은 불에 잘 타지만 천연 가죽은 불에 잘 타지 않는다.

사용 예

- "사장님, 이 소파 재질이 천연가죽이에요. 레자예요?"
  "레자입니다."
  "레자치곤 가격이 너무 비싼데요."

146 우리말 속 일본어 205가지 바로알기

일본어 유래 사전

마이 ~ 미싱

마이
마이가리
마이깡
마호병
마후라
만땅
맥고모자
머구리
모도시
모찌
모찌꼬미
몸빼
무대뽀
미쓰꾸리
미싱

089
마이

웃옷

마이는 양복의 윗도리, 특히 남성용 양복 윗도리를 가리키는 말이다. 그런데 이 말은 일본어 '카타마에かたまえ, 片前'의 줄임말 변형이다. 즉, 양복의 싱글 재킷을 가리키는 일본말 '카타마에'가 우리나라에서 '가다마이'로 바뀐 다음, 그것의 줄임말인 '마이まえ'가 양복 상의를 가리키는 말로 쓰이고 있는 것이다.

아직도 나이 드신 분들 중에는 양복 윗도리를 '가다마이'라고 부르는 사람들이 많다. 양복이 일본을 통해 들어왔고, 적합한 우리말 대체어가 없는 까닭이다. 일부에서는 우리말 '양복 저고리'로 대체하면 된다고 하지만 잘 쓰이지 않고 있다.

양복상의

국어사전에는 '마이'라는 말이 나와 있지 않지만, 국립국어원은 '마이まえ'를 '웃옷'으로 순화하여 쓸 것을 권하고 있다.

사용 예

- "취직했으니 아빠가 입사 선물로 마이 하나 사주마."
  "고맙습니다. 언제 사 주실 건데요?"
  "쇠뿔도 단김에 빼라고, 오늘 바로 백화점 가자."

090
마이가리

군대나 노동 현장에서 많이 쓰는 용어인 '마이가리'는 진급도 하지 않았는데 미리 앞당겨 상위 계급장을 달거나, 노임 등을 앞당겨 가불하는 것 등을 이르는 속어이다.

선차용
(先借用)

마이가리라는 말은 일본어 '마에가리まえがり'에서 유래한 것으로, 일본어의 원 뜻은 '임금 등을 정해진 날짜보다 앞당겨서 받는 것', '선차용', '임시지급' 등이다. 그것이 우리나라에서는 주로 군대나 노동현장 용어로 도입되어 차츰 '가짜'라는 의미로 변화했다. 이를테면 실질 소비력의 증가는 없는데, 정부가 돈을 풀어 억지로 소비를 진작시키는 행태를 '마이가리 경제'라고 하는 것이나, 가짜 경력을 '마이가리 스펙'이라고 하는 것 등이 그것이다.

**계급장을
앞당겨 다는
행위**

국어사전에는 '마이가리'라는 말이 나와 있지 않고, 일한사전에는 '마에가리まえがり'가 '전차금前借金', '(봉급 따위의) 가불'로 정의되어 있다.

사용 예
• "그는 자신을 병장이라고 소개했지만, 입대 년도를 대라는 추궁에 병장 계급이 마이가리임이 들통 나고 말았다."

091
마이깡

옷의 걸고리 장치

바지나 치마의 벌어진 부분을 여미기 위해 만든 걸고리 모양의 작은 잠금장치를 마이깡이라고 한다. 잠금장치 중 걸고리 모양은 마이깡이고, 단추모양은 후크이다.

마이깡이란 말은 '걸고리단추'를 일컫는 일본어 '마에칸まえかん'을 우리가 마이깡으로 변형해서 쓰는 것이다.

표준국어사전에 '마이깡'이란 말은 나와 있지 않고, 오픈국어사전에 '마에칸'이 '단추처럼 옷의 벌어진 곳을 잠그는 갈고리 모양의 물건'이라고 정의되어 있다.

마이깡이란 말은 다른 뜻으로 '특정 업종에 종사하는 사람들이 미리 선불을 받고 일을 하는 것'을 일컫는 말로 쓰이기도 한다.

선불 받고 일 하는 행위

사용 예

- "그 바지 마이깡이 고장 나서 수선실에 맡겼어요."
- "유흥업소 아가씨들이 성형 수술을 하기 위해 마이깡을 하는 경우도 많다는데 참으로 안타까워."

092
마호병

마호병은 보온병의 별칭이다. 국어사전도
'마호병'을 '물 따위를 넣어서 보온이나 보냉
이 가능하게 만든 병'이라고 정의하고 있다.

보온병

마호병이란 말은 일본어 마호빈まほうびん의
한국식 조어이다. 일본어로 마호まほ는 마법魔法이란 뜻이고, 빈
ぅびん은 병瓶을 일컫는 말이다. 따라서 마호빈魔法瓶, まほぅびん은
'마법의 병'이란 뜻이다.

일본 사람들은 서양에서 건너온 보온병이 오랫동안 식지 않는
다는 사실이 신기해서 마법의 병, 즉 마호빈이란 이름을 붙였
다. 이 말이 우리나라에 건너오면서 마호는 일본어를 그대로 쓰
고, 빈은 병으로 바꾸어 신조어를 만들었는데 그것이 '마호병'
이다.

지금은 보온병이란 말을 더 많이 쓰지만, 산
업화 초기에 마호병이란 말이 널리 퍼지게
된 이유는 일본의 가전제품, 특히 조지루사
社의 보온물병이 유명했기 때문이다.

사용 예

- "날씨가 춥다. 마호병에 따뜻한 보리차 담아가서 수시로 마셔라."
  "엄마는 보온병을 왜 마호병이라고 해요?"
  "우리 땐 다들 마호병이라고 했어."

093

마후라

목도리

마후라는 추위를 막거나 멋을 내기 위해 목에 두르는 천을 가리키는 말이기도 하지만 자동차의 소음기消音器나 피아노의 약음기弱音器를 가리키는 말이기도 하다.

국어사전도 '마후라'를 다음과 같이 두 가지 내용으로 설명하고 있다.
① 추위를 막거나 멋을 내기 위하여 목에 두르는 천.
② 내연기관에서 배기가스가 배출될 때 나는 폭음을 줄이거나 없애는 장치.

이처럼 목에 두르는 천이나 소음기를 가리키는 말 마후라는 일본 사람들이 영어 머플러muffler를 마후라マフラ로 서툴게 발음한 것인데, 그것을 우리가 그대로 가져와 쓰는 경우이다. 영어 muffler의 뜻도 '목도리'와 '소음기' 두 가지이다.

1960년대의 영화 〈빨간 마후라〉는 신상옥 감독의 작품으로, 이 영화가 상영된 이후 빨간 마후라는 곧 공군의 상징이 되었고, 마후라란 말도 널리 퍼졌다.
'목에 두르는 천'으로서 마후라의 기능은 목도리와 스카프의 중간 기능이다.

자동차 가속페달을 밟을 때, 배기관 쪽에서 소리가 심하게 나면 '마후라가 나갔다.' 또는 '마후라가 터졌다.'라고 말한다. 이때 '마후라'는 소음기를 뜻한다.

자동차 소음기

사용 예

- "추운데 목에 마후라 감고 나가라."
  "엄마, 마후라가 아니고 머플러예요."
  "마후라나 머플러나 그게 그거지."

- "손님, 자동차 마후라가 나갔어요. 교체하려면 비용이 꽤 들겠는데요."

094
만땅

가득 채움

만땅이란 말은 우리 생활에서 곳곳에서 두루 쓰인다. 대표적인 예로 차에 기름을 가득 채우고 싶을 때 주유소에 가서 '만땅이요.'라고 말한다. 또 '스트레스가 만땅이다', '나 요즘 행복 만땅이야.' 등 여러 경우에 쓰인다. 주로 양의 가득참을 나타낼 때 쓰이는 말이다.

만땅은 일본 사람들이 한자어 만滿과 영어 탱크tank를 합쳐서 만든 말 '만탕구まんタンク'를 한국식으로 발음한 것이다. 글자 그대로 하면 '가득 찬 탱크'라는 뜻인데, 이 말이 '무엇을 가득 채우다' 또는 '무엇이 가득 찼다'라는 의미로 쓰이고 있는 것이다.

국어사전은 '만땅'을 '휘발유나 가스 따위의 연료가 가득찬 상태를 속되게 이르는 말'이라고 정의하면서 '가득', '가득 채움', '가득 참'으로 순화해서 쓸 것을 권하고 있지만 워낙 보편화 된 말이라 잘 고쳐지지 않고 있다.

가득 참

사용 예

- "아저씨, 휘발유 만땅 채워주세요."
- "엄마는 냉장고가 만땅이라면서 수박을 반쪽만 사자고 했다."

156 일본어 유래 사전

095
맥고모자

밀짚이나 보릿짚을 엮어 만든 챙이 넓은 둥근 모자를 맥고모자라고 한다.

이 말은 일본 사람들이 보리 맥麥자와 짚 고藁자를 써서 맥고모자麥藁帽子, むぎわらぼうし라고 부른 것을 우리가 그대로 가져와 쓰는 경우이다.

국어사전은 '맥고모자'를 '맥고로 만든 모자. 개화기에 젊은 남자들이 주로 썼다'라고 설명하면서 '밀짚모자'로 순화해서 쓸 것을 권하고 있다.

밀짚모자

대한제국 말, 단발령이 내려지면서 갓과 망건을 쓰지 못하게 되자 사람들은 갓을 대신해서 맥고모자를 쓰게 되었고, 통풍이 잘 되고 가벼워서 산업화 시대에는 일할 때 쓰는 모자로 인기를 끌었다. 특히 농부들이 농사일을 할 때 많이 썼기 때문에 농모農帽의 대표격이었다.

사용 예

- "사나이는 챙 넓은 맥고모자를 눌러썼고, 엉덩이를 길게 뺀 채 자전거를 유유히 고갯길로 밀고 오고 있었다." - 홍성원의 소설 〈육이오〉 중에서 -
- "아저씨는 쓰고 있던 맥고모자를 벗어 부채질을 하며 동네 어귀로 접어들었다."

096
머구리

해녀나 해부

해녀나 해부, 잠수부, 다이버를 가리키는 말 머구리가 순 우리말인줄 아는 사람들이 의외로 많다. 그러나 머구리는 '잠수하다, 자맥질하다'라는 뜻의 일본어 '모구루もぐる'를 변형해서 쓰는 것이다.

국어사전에는 '머구리'가 '메기의 잘못, 개구리의 함경도 방언'이라고 명시되어 있을 뿐, 해녀나 잠수부와 관련된 언급은 없다. 일부 학자들은 해녀나 해부들이 해산물 채집을 위해 물속에서 오르락내리락 하는 모습이 마치 개구리를 닮았다고 해서, 또는 그들이 쓴 헬멧이 개구리를 닮아서 머구리라 부른 것이라고 주장하지만 추정일 뿐 정확한 근거는 없다.

잠수부

머구리는 해산물 채집뿐만 아니라 방파제 보수, 선창 보수, 난파선 인양, 해난 구조 등 다양한 일을 한다. 동해안 쪽은 수심이 깊기 때문에 남자 머구리들이 많이 활동하고, 수심이 얕은 서해안이나 남해안 쪽에서는 해산물 채집을 하는 여자 머구리들이 많이 활동한다.

사용 예
• "머구리들은 한 명의 생존자라도 더 구하기 위해 연이어 바다 속으로 뛰어 들고 있습니다.

098
모찌

단팥 앙금이 든 찹쌀떡

팥 앙금이 든 찹쌀떡을 가리키는 말 모찌는 일본말 모치もち를 차용한 것이다. 원래 일본말 모치もち는 찹쌀떡뿐만 아니라 부드럽고 끈기가 있는 음식 모양, 통통하고 탄력성이 있는 음식 모양을 일컫는 말이다. 그 말이 우리나라에서는 부드럽고 통통하고 탄력성 있는 대표 음식인 찹쌀떡을 가리키는 말이 된 것이다.

옛날 일본에서는 신사神社에 참배를 갈 때, 간식용으로 속에 아무것도 들어있지 않은 통통한 찹쌀떡을 가지고 다녔다. 그리고 그 찹쌀떡을 다이후쿠 모찌(だいふくもち大福餅-크게 복을 부르는 떡)라고 불렀다. 그 말이 우리나라에서는 '모찌'라는 줄임말로 변하여, 안에 단팥 앙금이 든 찹쌀떡을 가리키는 말로 사용되는 것이다.

국어사전은 '모찌'를 '찹쌀떡의 잘못'이라고 설명하고 있으며, 우리나라에서 수험생에게 합격을 기원하는 뜻으로 찹쌀떡을 주는 것도 일본의 대복병大福餅 문화와 무관하지 않다.

참고로, '가방모찌'라는 말에서의 모찌는 찹쌀떡 모찌와는 다른 뜻이다. 가방모찌는 일본어 '카방모치かばんもち'에서 온 말로, 이

때의 '모치もち'는 '들다', '쥐다'라는 뜻의 동사 '모츠のつ'의 명사형이다. 따라서 카방모치かばんもち는 '가방을 든 사람'이란 뜻이다. 이것이 우리나라에서는 '수행비서'를 속되게 부르는 말로 쓰이고 있는 것이다. 국어사전도 '가방모찌'를 '어떤 사람의 가방을 메고 따라다니며 시중을 드는 사람'으로 정의하고 있다.

사용 예

- "수험생들에게 합격 기원으로 엿이나 찹쌀모찌를 선물하는 관행은 왜 생겼을까?… 그것은 아마도 일본의 대복병(大福餠)문화가 우리나라에 들어온 때문인 것 같다."
- "그 사람 복부인들 가방모찌 하더니 주어들은 정보로 돈 좀 벌었데."
  "아, 그래? 어쩐지 지난 번에 만났을 때 돈을 펑펑 쓰더라니까."

099
모찌꼬미

**지입
(持入)**

모찌꼬미라는 말은 보통 지입持入이란 뜻으로 쓰이는 속어인데, 영세한 개인사업자나 소규모 하청업체들과 규모 있는 사업체 간의 공생적 생산 활동을 말한다.

이 용어는 일본어 모찌꼬미もち-こみ를 그대로 차용한 것으로, 일본어의 원 뜻은 '반입搬入' 또는 '지참持参'이다.

일반적으로 자신의 차량이나 물건을 타인의 사업장에 반입해서 영업 또는 판매하고, 운용 후에 정해진 비율에 따라 수익을 분배하는 방식을 모찌꼬미라고 한다. 특히 화물업계나 관광 또는 렌터카 업계에서 자신의 차량을 특정 회사에 소속시켜 영업하는 경우가 많은데, 이러한 형태를 '모찌꼬미'라고 한다.

인쇄업계에서는 인쇄기를 가진 사업자가 자투리 공간에 재단기나 코팅기 등을 가진 소공인小工人을 들이고, 임대료를 받는 방식을 모찌꼬미 라 하는데, 이것도 지입제의 일종이다.

**반입,
지참**

반면 원예업계에서는 옮겨심기 쉽도록 해 놓은 가식상태 혹은 화분식재 상태를 '모찌꼬미'라고 하는데, 이것도 묘목의 반입상태 또는 지입상태이기 때문에 모찌꼬미라 부르는 것이다.

국어사전에는 '모찌꼬미'라는 말이 나와 있지 않고, 일한사전에는 '모찌꼬미もちこみ'가 '①가지고(들어) 옴, 지참 ②술집에서 손님이 지참한 술을 사용하는 일'이라고 정의되어 있다.

사용 예

• "그 친구 트럭 한 대 사서 택배 회사에 모찌꼬미 들어갔다는데."

• 나는 오늘 조경용 모찌꼬미 소나무 10점을 사서 조카에게 보냈다.

100
몸빼

몸빼는 일본어 몬페もんぺ의 한국식 발음이다. 일본 사람들은 도요토미 히데요시 시대에 포르투갈에서 들여온 '칼사오'라는 옷을 모방해서 남성용 작업복바지 모모히키ももひき를 만들었다. 그리고 이것의 엉덩이 쪽을 좀 더 펑퍼짐하게 하여 여성용 작업복을 만들었는데, 그것을 '몬페もんぺ'라고 불렀다.

몬페는 주로 일본 동북지방 여성들이 야외 일이나 허드렛일을 할 때 입는 옷이었다. 그것을 일제가 한국여성들에게도 강요했고, 차츰 우리나라 사람들 사이에서 몸빼라 불리게 된 것이다.

여성용 일바지

국어사전은 '몸빼'를 '여성들이 쉽게 통으로 입을 수 있는 고무줄 바지'로 정의하면서 '일바지'로 순화해서 쓸 것을 권하고 있지만 잘 이행되지 않고 있다.

사용 예

• "이번 주 토요일에 김장 할 건데, 장에 가서 일하기 편한 몸빼 하나 사야겠다."
  "엄마는… 요즘에 누가 몸빼를 입어요? 그냥 츄리닝 입고 해요."

101
무대뽀

대책 없이 막무가내로 행동하는 사람 또는
그런 행위를 무대뽀 또는 무데뽀라고 한다.
이 말은 일본어를 그대로 사용하는 것인데,
일본 사람들이 한자로는 무철포無鐵砲라고 쓰
고, 발음은 무대뽀むでっぽう로 읽은 말이다.

막무가내

일본말로 대뽀てっぽう, 鐵砲는 철포, 즉 조총鳥銃을 뜻한다. 따라
서 무대뽀無鐵砲, むでっぽう는 '조총이 없다'라는 의미이다.
일본 전국시대(1467~1590)에 다케다 신켄武田信玄은 일본 역사
상 제일의 전략가이면서 높은 덕망과 외교전술을 갖춘 인물이
었다. 전국시대 패권을 다툴 때, 그는 자신이 창설한 일본 최강
의 기마군단 풍림화산風林火山을 이용하여, 오다 노부나가織田信
長와 도요토미 히데요시豊臣秀吉, 도쿠카와 이에야스德川家康 이렇
게 세 사람의 연합군을 전멸 직전까지 몰아넣었다.
그 후 다케다 신켄이 죽고 풍림화산 기마대를 물려받은 아들 다
케다 가쯔요리武田勝賴는 1575년 오다 노부나가와 나가시노長篠
전투에서 최후의 격전을 벌이게 된다. 당시 오다 노부나가는 포
르투갈에서 들여온 조총을 사용했는데, 그때의 조총은 1분에 한
발도 발사하기 어려운 총이었다. 그러나 전장에 먼저 도착한 오
다 노부나가는 3중으로 마방책을 설치했다. 그리고 발사 간격
이 긴 조총의 약점을 극복하기 위해 조총 부대를 셋으로 나누어
대비했다. 첫째 줄이 총을 쏘고 앉으면, 둘째 줄이 쏘고, 그 다

165

음엔 세 번째 줄이 쏘고, 그 사이에 탄약 장전을 마친 첫째 줄이 다시 총을 쏘는 방식이었다.

오다 노부나가의 이 같은 작전을 알 리 없는 다케다는 풍림화산 기마병 1만 5천을 이끌고 의기충천하게 전장에 도착했다. 그런 다음 무대뽀(むでっぽう, 無鐵砲−조총도 없이)로 적진을 향해 바람처럼 돌격했다. 하지만 높다란 마방책과 엄청난 수의 조총 부대에 속절없이 당하고 만다. 전투가 시작된지 불과 8시간 만에 다케다 군은 전멸하고, 일본 최강을 자랑하던 다케다 가문의 풍림화산 기마대는 영원히 재건되지 못했다.

무모

이후 일본에서 '조총이 없다'라는 뜻의 '무대뽀無鐵砲'는 '대책 없이 무모하게 밀어붙이는 행위 또는 그런 사람'을 가리키는 말'로 쓰이기 시작했고, 우리나라도 그 말을 그대로 차용하여 쓰고 있는 것이다.

국어사전은 '무데뽀'를 '일의 앞뒤를 잘 헤아려 깊이 생각하는 신중함이 없음을 속되게 이르는 말'이라고 정의하면서, '막무가내' 또는 '무모'로 순화해서 쓸 것을 권하고 있다.

사용 예

- "지난번 공모에 무대뽀로 기획서 넣었다가 아이디어만 털렸잖아. 이번에는 준비 좀 단단히 해서 응모해야겠어!"
- "그 사람 보기보단 모대뽀야. 조심해!"

102
미쓰꾸리

미쓰꾸리는 '포장하기' 또는 '짐꾸리기'를 일
컫는 속어이다.

포장하기

이 말은 일본어 '니츠쿠리にづくり'에서 유래
한 것으로, 본 뜻도 '포장하기', '짐꾸리기'이
다. 일본어로 '니に, 荷'는 '짐' 또는 '화물'이
란 뜻이고, '츠쿠리つくり, 造り'는 '만들기'라는 뜻이다. 따라서
니츠쿠리にづくり는 짐 만들기, 즉 짐꾸리기가 되는 것이다. 다
만 우리는 '니츠쿠리'가 발음상 부자연스러워 '미쓰꾸리'로 바꾼
것이다.

속어이기 때문에 국어사전에는 '미쓰꾸리'라는 말이 나와 있지
않지만, 일상 현장에서는 자주 쓰이는 말이다.

짐꾸리기

참고로, 일본에서는 정작 짐꾸리기를 '니츠
쿠리にづくり'라 하지 않고 '콘포こんぼう, 梱包'
라고 한다. 그러면서 짐을 묶는데 쓰는 끈만
은 '니즈쿠리히모にづくりひも, 荷造り紐'라 부
른다.

사용 예

• "우리는 택배 미쓰꾸리를 마치고 나서 조촐한 막걸리 파티를 열었다."
• "그거 짐 쌀 때 미스꾸리 잘해라. 옮기다 터지면 감당 못 한다."

167

103
미싱

재봉틀을 다른 말로 '미싱'이라고 한다. 그런데 이 말은 기계를 뜻하는 영어 머신machine을 일본 사람들이 '미싱ミシン'으로 발음한 것이고, 그것을 우리가 그대로 가져와 재봉틀을 가리키는 말로 쓰는 경우이다.

영어로 재봉틀의 정식 명칭은 'sewing machine'이다.

1960년대에 일본이나 한국에서 널리 쓰인 재봉틀은 '싱거 미싱'이었다. 1851년 미국인 아이작 싱어가 발명한 이 재봉틀이 일본에서 미싱으로 불렸고, 그 말이 그대로 한국에 유입된 것이다.

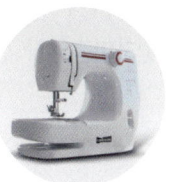

국어사전은 '미싱'을 '바느질을 하는 기계'로 정의하면서 '재봉틀'로 순화해서 쓸 것을 권하고 있다.

1960년대만 해도 미싱은 집집마다 주요 재산목록 중 하나였다. 그리고 결혼할 여자들이 시집갈 때 챙기는 혼수품 1호였다. 또 산업화 시대에 미싱공은 경제 부흥의 주요 일꾼이기도 했다.

사용 예

- "빨간 꽃 노란 꽃 꽃밭 가득 피어도 / 하얀 나비 꽃나비 담장위에 날아도 / 따스한 봄바람이 불고 또 불어도 / 미싱은 잘도 도네, 돌아가네." – 노래를 찾는 사람들의 〈사계〉 중에서 –

일본어 유래 사전

바라시 ~ 삑사리

바라시
바리깡
바케쓰
바킹
빠꾸
반까이
베니다
백미러
벤또
보루
뽀록
뽀찌
부
부락

분빠이
삐까삐까
삐끼
삐라
삑사리

104

바라시

**헐기,
해체**

바라시라는 말은 여러 분야에서 엇비슷한 의미로 쓰이는 말이다.

건설 현장에서는 '헐기', '해체'라는 의미로 쓰이고, 방송이나 광고 분야에서는 '장비철수'라는 뜻이다. 경상도 지방에서는 '정리' 혹은 '종료'의 의미로도 쓰인다.

바라시라는 말은 일본어 '바라수ばらす'를 변형해서 쓰는 것으로, 일본어의 원 뜻은 '분해하다', '흩트리다', '부수다' 이다. 그것이 우리나라에서는 명사화 되어 헐기, 해체, 철수, 정리 등의 뜻으로 쓰이는 것이다.

**철수,
정리**

속어이기 때문에 국어사전에는 '바라시'라는 말이 나와 있지 않다.

사용 예

• "오늘 거푸집 바라시 합니다."

• "오늘은 이걸로 촬영 끝입니다. 바라시 합시다."

172 우리말 속 일본어 205가지 바로알기

105
바리깡

바리깡은 머리카락 자르는 기계를 일컫는 말이다.

이 말은 '바리캉 드 마르Barriquant et marrer' 라는 프랑스의 이발기계 제조 회사명 앞부분을 일본사람들이 바리깡バリカン으로 발음하면서 기계 이름으로 사용한 것인데, 그것을 우리가 여과 없이 그대로 가져와 쓰는 경우이다. 원래 프랑스어로 바리캉Bariquant 은 '민머리의', '까까머리의'라는 뜻의 부사이다.

이발기

국어사전은 '바리깡'을 '바리캉의 비표준어, 커트를 할 때 사용하는 전동식 기계'라고 정의하고 있다.

참고로, 머리카락 자르는 기계(이발기)의 영어 명칭은 '헤어 클리퍼hair clipper' 또는 '헤어 트리머hair trimmer'이다.

───── 사용 예 ─────
- "여름이니까 뒷머리 바리깡으로 시원하게 밀어주세요."
- "옛날에는 가위처럼 손으로 작동하는 수동식 바리깡이 대부분이었지만, 요즘은 전동식 바리깡에 밀려 거의 찾아볼 수 없다."

173

106
바케쓰

양동이

물이나 물건을 담아 한 손으로 들 수 있도록 한 들통을 양동이 또는 바케쓰라고 한다. 이 중 바케쓰는 영어 버킷bucket을 일본 사람들이 바케츠バケツ라고 발음한 것을 우리가 '바케쓰'로 바꿔 사용하는 경우이다.
참고로, 영어 버킷bucket은 들통을 가리키는 말이고, 바스켓 basket은 바구니를 이르는 말이다.

바케쓰バケツ는 다라이たらい와 마찬가지로 서양 용기가 일본을 통해 우리나라에 들어오면서 유입된 외래어이다.
바케쓰는 처음에는 양철로 만든 것이 많았다. 그래서 양철의 '양'자와 우리나라 전통 질그릇 명칭인 '동이'를 합쳐서 '양동이'라 불렀다. '양철로 된 동이'라는 뜻이다. 그러나 지금은 플라스틱 재질이 더 많아졌기 때문에 '양동이'란 말은 차츰 사라지고, 들통 또는 바케쓰란 말을 더 많이 쓴다.

국어사전에는 '바케쓰'라는 말이 나와 있지 않고, '버킷bucket'이 '기중기 끝에 붙어 흙, 모래 따위를 퍼올리는 통'으로 나와 있다.

들통

사용 예

- "바께쓰에 물이 가득 들어있어 찰랑찰랑했다. 그래서 나는 흘리지 않기 위해 조심조심 옮겼다."

174 우리말 속 일본어 205가지 바로알기

107
바킹

파이프 이음매나 용기 접합면 등의 기밀성을 유지하기 위해 끼우는 보조물을 흔히 '바킹'이라고 한다. 주로 고무로 된 제품이 많기 때문에 고무라는 말과 결합시켜 '고무 바킹'이라고 부르는 경우도 많다.

접합면의 기밀성 유지를 위해 끼우는 보조물

바킹이란 말은 영어 패킹packing을 일본 사람들이 '박킹구パッキング'로 발음한 것을 우리가 '바킹'으로 변형해서 쓰는 경우이다.

패킹 (packing)

국어사전에는 '바킹'이 '패킹의 북한어'라고 나와 있으며, '패킹packing'이 다음 두 가지로 정의되어 있다.

① 관管 따위의 이음매 또는 틈새 따위에 물이나 공기가 새지 않도록 끼워 넣음. 또는 그런 물건. 고무, 가죽, 삼실부스러기, 석면, 구리, 납 따위로 만든다.

② 하물荷物을 운반할 때에, 접촉하는 두 물건이나 부분이 상하지 않도록 끼움 또는 그런 물건. 하물과 하물 또는 하물과 하물 상자 사이에 끼운다.

사용 예

• "고무 바킹이 삭아서 물이 새는 겁니다. 새 걸로 교체해 드릴게요."

108
빠꾸

후진

빠꾸는 '차량의 후진', '퇴짜를 놓아 되돌려 보냄', '어떤 사안을 반려하는 것' 등을 일컫는 속어이다.

이 말은 영어 백back을 일본 사람들이 빠꾸バック로 발음하면서 후진 또는 퇴짜의 의미로 사용한 것인데, 우리가 여과 없이 그대로 들여와 쓰는 경우이다.

국어사전은 '빠꾸'를 '①차량 같은 것을 뒤로 물러가게 함 ②물건을 받지 않고 되돌려 보냄'으로 정의하면서 '후진'이나 '퇴짜'로 순화해서 쓸 것을 권하고 있다.

퇴짜

참고로, '노빠꾸no back'란 말은 '여러 장애가 있음에도 불구하고 물러서지 않고 돌진하는 것'을 일컫는 속어이다.

사용 예

• "그 친구 운전 초보잖아. 주차하려고 빠꾸하다 전봇대 들이받았데."

• "밤을 꼴딱 새우면서 기획서 작성했는데 보기 좋게 빠꾸 맞았어."

176 우리말 속 일본어 205가지 바로알기

109

반까이

"하루 종일 손님이 없어서 매출이 형편없었는데, 막판에 단체손님이 몰려와 겨우 반까이했습니다."

만회

위 예문에서 '반까이했다'라는 말은 만회挽回했다는 뜻이다. 반까이ばんかい는 일본어로 '회복回復' 또는 '만회挽回'를 뜻하는 말인데, 우리가 그대로 가져와 쓰는 것이다.

국어사전은 '반까이'를 '어떤 손실이 발생했을 때, 그것을 바로잡아 손실을 메우는 것을 이르는 말'이라고 정의하고 있다.

회복

반까이는 특히 상업 현장이나 언론 현장에서 많이 쓰이는 비속어로, 우리말 만회나 회복보다 어감이 더 강하기 때문에 표현을 강조하고자 할 때 이 말을 자주 쓴다.

사용 예

• "이번 사건으로 우리나라 상반기 수출 실적은 매우 큰 타격을 받았습니다. 특단의 조치를 취하지 않으면 올해 안에 반까이 하기가 어려울 전망입니다."

177

— 110 —
베니다

합판

얇게 켠 나무 단면들을 겹쳐 만든 합판을 보통 베니다라고 한다. 이 말은 영어 '베니어 veneer'를 일본사람들이 '베니다ベニヤ'로 발음한 것인데, 우리가 여과 없이 그대로 들여와 쓰는 경우이다.

국어사전에는 '베니다'란 말이 나와 있지 않고, '베니어'가 '얇게 켠 널빤지'로 나와 있다.

원래 영어 베니어veneer는 합판을 가리키는 말이 아니고, 합판의 재료, 즉 통나무를 얇게 길이로 자르거나 겉으로부터 돌려 깎아서 만든 얇은 나무 단판을 일컫는 말이다. 그런데 일본사람들이 합판을 베니다라고 부른 것을 우리도 따라하게 된 것이다.

베니다는 원목으로 만든 판자보다 가격이 훨씬 저렴하면서도 잘 쪼개지지 않는 장점이 있다. 반면 불에 잘 타고 내구성이 약한 단점도 있다.

사용 예

• "옛날 종로통 여인숙들은 베니다에 스치로품을 붙인 칸막이 벽으로 방을 나누었지. 이런 쪽방엔 갈데없는 노동자들이 달세로 살았는데, 방음도 안 되고 겨울에는 얼마나 추운지 정말 말이 아니었어."

178 우리말 속 일본어 205가지 바로알기

111
백미러

자동차 운전석에서 뒤쪽을 보기 위한 거울
은 두 종류가 있다. 외부 양 옆에 달린 사이
드 미러side-view-mirror와 실내 앞 위쪽에 달
린 룸 미러room-mirror가 그것이다.

룸미러

이 중 룸미러를 백미러라고도 하는데, 이는 일본식 조어이다.
즉, 백미러バックミラー는 영어로 뒤를 뜻하는 back과 거울을 뜻
하는 mirror를 합쳐서 만든 일본식 영어이다. 그것을 우리가 그
대로 가져와 쓰는 것이다.

참고로, 정작 영어권에서는 백미러나 룸미러라는 말 대신 '리어
뷰 미러rear-view-mirror' 또는 '리어 비전 미러rear-vision-mirror'라
는 말을 쓴다.

뒷거울

국어사전은 '백미러'를 '뒤쪽을 보기 위하여
자동차나 자전거 따위에 붙인 거울'이라고
정의하면서 '뒷거울'로 순화하여 쓸 것을 권
하고 있다.

사용 예

- "출발하기 전에 백미러와 사이드 미러 제대로 됐는지 조정하고 출발하세요."
- "난 백미러가 작으면 불편하더라고. 그래서 큰 걸로 바꿨어. 그랬더니 시야가 넓
  어서 아주 좋아!"

112
벤또

도시락을 다른 말로 **벤**또라고도 한다. 요즘은 잘 쓰지 않지만 1960~70년대만 해도 '도시락'이란 말보다 '벤또'라는 말을 더 많이 썼다.

벤또라는 말은 일본어 벤또우べんとう의 한국식 표현이며, 국어사전은 '벤또'를 '도시락의 잘못'으로 규정하고 있다.

간편하게 먹을 수 있도록 휴대 용기에 밥과 반찬을 담은 것을 한국말로는 '도시락', 일본말로는 '벤또우', 중국말로는 '삐엔땅 辨當'이라고 한다. 참고로, 북한에서는 도시락을 '곽밥'이라고 한다.

우리나라에서는 옛날에 나들이나 행사 때, 동고리에 음식을 담아 휴대했다가 먹었는데 이를 '도슭'이라 했으며, 도시락의 어원으로 보고 있다. 일본에서는 에도시대부터 휴대용 용기 음식이 발달했는데 이를 벤또우라 했으며, 중국말 삐엔땅이 벤또우의 어원인 것으로 추정된다.

도시락

사용 예

• "그 시절, 점심시간이면 교실 중앙에 있는 석탄난로 위에는 학생들이 가지고 온 벤또가 수북이 쌓이곤 했다."

180   우리말 속 일본어 205가지 바로알기

113
보루

담배 수량을 셀 때 열 갑을 한 보루라고 하
는데, '보루'라는 말은 일본어 '보-르ボ-ル'를
우리가 '보루'로 변형하여 쓰는 것이다.

줄

담배라는 말은 포르투칼어 타바코tabacco에
서 온 것이고, 담배를 세는 단위인 보루는 영어 보드board를 일
본 사람들이 '보-르ボ-ル'로 길게 발음한 것인데, 우리나라 사람
들이 '보루'라고 짧게 발음하여 쓰는 것이다.

원래 영어 보드board는 판자나 널, 마분지 등을 가리키는 말이
다. 그런데 일본에서 담배를 포장할 때 마분지로 만든 딱딱한
케이스에 10갑 단위로 담기 시작하면서부터 포장 재료인 보드
를 계량 단위인 보루로 쓰기 시작한 것이다.

포

국어사전은 '보루'를 '담배를 묶어서 세는 단
위. 한 보루는 담배 열 갑을 이른다.'라고 설
명하면서 '줄' 또는 '포'로 순화하여 쓸 것을
권하고 있다.

사용 예

- "이거 삼 만 원이면 담배 한 보루 값도 안 되는데 비싸다구요?"
- "김중사는 사물함 위에 놓여 있는 양담배 한 보루를 보고, 즉각 장하사가 휴가에
서 복귀한 것을 알아차렸다."

181

114
뽀록

탄로

무언가 숨기고 싶은 것이 들통났을 때나 비밀이 탄로났을 때 속된 말로 '뽀록났다'라는 표현을 쓴다.

뽀록은 일본어 보로ぼろ를 우리가 뽀록으로 발음하며, 뜻을 변형하여 쓰는 것이다. 일본어 보로ぼろ, 襤褸는 원래 '양말의 구멍 난 곳', '넝마', '누더기' 등을 가리키는 말임과 동시에 '허술한 점'이나 '결점'을 이르는 추상명사로도 쓰인다. 일본 말로 '보로가데루ぼろがでる'는 '단점이나 결점이 드러나다'라는 뜻이다.

국어사전은 '뽀록'을 '①일이나 성과를 우연히 낼 때 이르는 말 ②제대로 된 실력이 없는 사람'으로 규정하고 있으며, '뽀록나다'는 '숨기던 사실이 드러나다'로 정의하면서 '들통나다'로 순화하여 쓸 것을 권하고 있다.

비밀이나 잘못된 일이 드러난 판국

참고로, 우리말 '들통나다'의 유래는 들통(손잡이가 달린 용기)을 들어내면 그 밑에 있던 것이 드러난다는 데서 비롯된 말이다.

사용 예
- "괜히 말 많이 해서 이쪽 사정 뽀록 내지 말고 적당히 듣기만 하다 와라."
- "그 여자 자연 미인이라고 그렇게 빼기더니 성형한 거 뽀록났잖아!"

115
뽀찌

노름판이나 화투판에서 돈을 딴 사람이 주변 사람들에게 개평을 줄 때 '뽀찌를 준다'라는 표현을 쓴다. 이처럼 우리가 개평이나팁, 뒷돈의 속어로 쓰고 있는 뽀찌는 일본어 '뽀찌ぽち'를 그대로 가져와 쓰는 경우이다.

사례금

일본어 뽀찌ぽち는 원래 '작은 점', '점박이 개', '광대나 기생에게 주는 팁'등을 가리키는 말인데, 이 중 '광대나 기생에게 주는 팁'의 의미를 우리가 차용하여 쓰는 것이다.

노름판 외에도 부동산 알선업이나 인력 파견업 등에서 종종 뽀찌라는 말을 쓰는데, 이때는 '사례금', '알선료' 등의 의미이다.

개평

국어사전은 '뽀찌'를 '경기나 도박 등에서 이기거나 많은 돈을 획득한 사람이 기쁨과 감사함의 표시로 주위 사람들에게 일정 양의 사례를 하는 것'이라고 설명하면서 '사례금'으로 순화하여 쓸 것을 권하고 있다.

사용 예

• "돈 다 잃고 뽀찌 몇 푼 받으려고 밤새 도박판 지켰다니까!"

• "어제 큰 거 한 건 했다면서요?"
  "하면 뭘 해요. 중개자가 많아서 뽀찌 돌리고 나면 몇 푼 안 남아요."

183

116
부

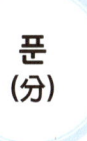
푼
(分)

온도나 이자율을 말할 때 '부'라는 말을 쓰는 경우가 있다. 예를 들어 '열이 많이 올랐어. 38도 2부야.'라든지, '한 달 이자는 몇 부지요? 등이 그것이다. 여기서 '부'라는 말은 푼分의 일본식 발음 '부ぶん'를 우리가 그대로 가져와 쓰는 경우이다. 즉, 일본 사람들은 계량 또는 비율 단위인 '할, 푼, 리'에서 할割은 '와리', 푼分은 '부', 리厘는 '린' 또는 '링'이라고 읽는데, 우리가 푼分을 일본식 발음 그대로 사용하는 것이다.

원래 '할, 푼, 리' 계량 방식은 중국의 '할, 푼, 리, 호'에서 유래했다. 한자어 '할割'은 '쪼갠다'라는 뜻이다. 중국에서는 한 자尺를 열로 쪼개 한 치寸를 만들고, 한 치를 열로 쪼개 한 푼分을 만들고, 한 푼을 열로 쪼개 한 리厘를 만들고, 한 리를 열로 쪼개 한 호毫를 만들었다. 이처럼 한 자尺의 1/100을 말하는 한자어 분分을 우리는 '푼'으로, 일본 사람들은 '부'로 읽은 것이다.

부(푼)는 전체 수량의 1/100이며, 1할의 1/10이다. 백분율로 표현하면 1할은 10%, 1부(푼)는 1%, 1리는 0.1%이다.

일본말 '부ぶん'를 우리말로 바꾸어 쓸 때, 정확한 표현은 온도나

시간을 말할 때는 '분'으로, 이자율을 말할 때는 '푼'으로 하는 게 맞다.

푼分의 일본식 발음인 '부'는 우리말 속에 여러 형태의 관용어로 스며 있는데, '칠부바지'는 아래로부터 30퍼센트 잘라낸 바지를, '팔부 능선'은 산의 높이를 아래에서부터 열로 나눌 때 여덟 번째의 높이에 해당하는 곳이라는 뜻이다. 또 야구의 타율을 말할 때, 주로 '할, 푼, 리' 단위를 쓰는데 이것도 알고 보면 일본식 표현이다.

참고로, 우리나라에서 쓰는 관용어 '푼'에 대해 좀 더 자세히 알아보면, 엽전 한 냥의 1/100이 한 푼이고, 무게 한 돈의 1/10이 한 푼인데, 보잘것없는 금액을 말할 때 '한 푼'이란 관용적 표현을 쓴다. 또 우리말 '칠푼  이'나 '팔푼이'는 뭔가 덜떨어진 사람을 가리키는 말이며, 원래는 칠삭둥이나 팔삭둥이를 가리키는 말이다. 사람은 태어날 때 열 달을 어머니 배 속에 있다가 나와야 정상이지만 일곱 달이나 여덟 달만 채우고 나왔다고 해서 '칠푼이'나 '팔푼이'라고 하는 것이다.

국어사전에는 '부'라는 말은 나와 있지 않고, '푼分'이 '비율을 나

타내는 단위, 일의 10분의 1이 되는 수. 즉 10−1을 이른다.'라
고 정의되어 있다.

사용 예

- "사람의 정상 체온은 36도 5부야."
- "예전에는 월세를 2부까지도 받았는데 요즘은 1부도 안 된다니까."

117
부락

여러 민가들이 한데 모인 곳을 마을이라 하기도 하고 부락이라 하기도 한다. 이 중 부락은 순 우리말이 아니고 일본어 '부라꾸ぶらく'에서 유래한 것이다.

일본어 부라꾸ぶらく를 한자로 표현하면 部落인데, 이것을 우리가 마을의 다른 명칭으로 사용하는 경우이다.

우리나라에서 '부락'이란 말을 본격 사용하기 시작한 것은 일제강점기 때부터이다. 일본인들이 조선인들의 마을을 격하시키기 위해 의도적으로 '부라꾸'라고 불렀는데, 우리가 그것을 부락部落이라는 한자어 표현과 발음으로 사용하는 것이다.

원래 일본의 부라꾸ぶらく는 조선시대의 천민촌과 같이 천대받는 사람들이 모여 사는 동네를 일컫는 말이다. 오늘날에도 일본에서는 부라꾸가 여러 형태로 차별을 받고 있다. 대표적인 부라꾸로는 오사카시 남부에 위치한 '스미요시 부라꾸'이다. 이 부라꾸에는 현재 약 500여 가구가 살고 있으며, 기록에 의하면 가마쿠라 시대(128년대 초중반)에 이곳에는 청소 관계 일을 하는 사람들이 집단으로 살았던 것으로 알려져 있다.

국어사전은 '부락'을 '시골에서 여러 민가들이 모여 이룬 마을. 또는 그 마을을 이룬 곳'이라고 정의하면서 '마을'로 순화해서 쓸 것을 권하고 있다.

사용 예

• "석탄 산업이 활기를 띠면서 탄광촌에는 노무자들이 모여들었고, 부락이 생기기 시작했다. 부락이라고는 하지만 판자로 지은 개 딱지 같은 주거시설에 목욕탕 하나 없는 형편없는 마을이었다."

118
분빠이

무언가를 여럿이 나누는 것을 분빠이라고 한다. 특히 함께 식사를 하거나 회식을 한 다음 그 비용을 나누고자 할 때 분빠이라는 표현을 많이 쓴다. 국어사전도 '분빠이'를 '회식이나 모임 따위의 비용을 여럿이 각각 얼마씩의 돈을 거둠을 속되게 이르는 말'이라고 정의하고 있다.

나눠 내기

분빠이라는 말은 한자어 분배分配를 일본인들이 '분파이ぶんぱい'라고 발음한 것인데, 우리가 분빠이 또는 뿜빠이라고 변형하여 쓰는 것이다.

우리가 쓰는 분빠이는 그냥 '몫을 나눔'이라는 의미지만, 일본인들이 쓰는 분파이의 의미는 '이익의 분배'라는 뜻이 강하다. 정작 우리가 쓰는 분빠이와 의미가 비슷한 일본말로는 '야마와케やまわけ, 山分'가 있다.

나누기

분빠이와 정확히 같은 의미는 아니지만 비슷한 말로 영어 더치페이Dutch Pay가 있는데, 이 말은 '나눠내기', 또는 '각자부담'이란 뜻이다.

사용 예

- "친구 둘이 길을 가다 만원을 주었다. 한 친구가 다른 친구에게 말했다. '우리 이거 오천 원씩 우리 뿜빠이하자.'"
- "오늘 회식비는 분빠이로 한다. 각자 2만원씩 내."

119

삐까삐까

**빛나고
멋짐**

사물의 외양이나 사람의 차림새가 빛나고 멋질 때, 우리는 종종 '삐까번쩍하다' 또는 '삐까삐까하다'라는 표현을 쓴다. 그런데 삐까삐까는 순 우리말이 아니고, 일본어 피카피카ぴかぴか에서 유래한 말이다.

피카피카는 우리말로 하면 '번쩍번쩍' 또는 '반짝반짝'에 해당하는 의태어이다. 국어사전은 '삐까삐까하다'를 '번쩍번쩍하다의 잘못'으로 정의하고 있다.

한편 삐까삐까라는 말은 빛나고 멋지다는 의미 외에 '무엇의 우열을 가릴 수 없는 비등한 상황'을 나타낼 때도 쓰인다. 이를테면 '인간 이세돌과 인공지능 알파고의 바둑 실력이 삐까삐까했다'라는 표

**우열을
가릴 수 없는
비등한 상황**

현이 그런 예인데, 왜 삐까삐까가 서로 엇비슷한 상황을 일컫는 말로 쓰이게 되었는지 그 이유는 잘 알려져 있지 않다.

사용 예

• "오늘 누굴 만나러 가는데 옷차림이 그렇게 삐까삐까하니?"

• "원어민 앞에서 버벅거리는 건 너랑 나랑 영어실력 삐까삐까 아니냐?

120
삐끼

유흥업소 앞에서 행인들을 상대로 호객행위
를 하는 사람을 가리켜 속칭 '삐끼'라고 한다.

호객꾼

삐끼는 일본어 '히키ひき'에서 온 말인데, '히
키'는 '끌다'라는 뜻을 지닌 동사 '히쿠ひく'의
명사형으로 '끌기'라는 뜻이다. 이것이 우리나라에서는 삐끼로
발음되며 '손님을 끄는 사람'을 가리키는 말로 쓰이고 있는 것
이다.

여리꾼

국어사전은 '삐끼'를 '호객 행위를 하는 사람
을 속되게 이르는 말'이라고 규정하고 있는
데, 우리말로는 '호객꾼' 또는 '여리꾼' 등으
로 대신할 수 있다.

사용 예

- "밤이 되면 유흥가 거리는 불야성을 이루고, 각 업소 앞에서는 삐끼들이 경쟁하
  듯 호객행위를 했다."
- "도쿄 신주쿠에 가면 흑인 삐끼들이 엄청 많은데, 걔들도 단번에 내가 한국인 관
  광객인줄 알아보고 한국말로 인사를 하더라니까."

191

121

삐라

전단지

삐라는 특수한 목적으로 뿌려지는 선전용 인쇄물을 말한다. 우리나라에서는 특히 북한에서 날려 보내는 대남 선전용 인쇄물이나 반정부 모임에서 몰래 돌려보는 격문 등 불법선전물을 삐라라고 한다.

삐라라는 말은 일본 사람들이 영어 '빌bill'을 '비라ビラ'라고 발음한 것인데, 우리가 '삐라'로 변형하여 불법선전물을 이르는 말로 사용하는 것이다.

국어사전은 '삐라'를 '선전이나 광고 또는 선동하는 글이 담긴 종이쪽. 전단傳單의 잘못'이라고 규정하고 있다.

불법 선전물

우리가 사용하는 삐라라는 말에는 약간의 부정적 의미가 담겨 있지만, 삐라의 어원이라고 볼 수 있는 영어 빌bill은 전단지에서 영수증에 이르기까지 크고 작은 인쇄물 전체를 가리키는 말이다.

사용 예

- "오늘 새벽 서울 곳곳에서 동시 다발적으로 남한 정권을 비난하는 북한 삐라가 발견되었습니다."
- "국내의 대표적인 탈북민단체인 탈북동지회는 이번에는 풍선이 아닌 드론을 이용해 북한으로 인권수호 삐라 10만장을 뿌릴 예정이라고 발표했습니다."

122
삑사리

노래를 부르다 고음에서 음이 이탈되어 이상한 소리가 났을 때, '삑사리가 났다'라고 말한다. 또 당구 게임에서 큐가 미끄러져 공을 헛친 경우에도 '삑사리가 났다'라고 말한다.

음이탈

삑사리는 우리말 의성어 '삑'과 일본어 추상명사 '사와리さわり'를 합쳐서 만든 합성어 '삑사와리'의 준말이다. 일본어 사와리는 '닿음', '닿는 느낌' 또는 '한 곡목 중에서 제일 중요한 곳', '이야기의 긴요한 부분' 등을 가리키는 말이다. 따라서 '삑사와리'는 '삑하고 닿는 느낌' 또는 '긴요한 부분에서 삑소리가 남'이란 뜻이고, 삑사리는 그것의 준말이다.

헛침

국어사전은 '삑사리'를 '①노래를 부를 때 흔히 고음에서 음정이 어긋나거나 잡소리가 섞이는 경우를 통속적으로 이르는 말 ②당구에서 큐가 미끄러져 공을 헛치는 경우를 통속적으로 이르는 말'이라고 설명하고 있다.

사용 예

• "자칭 가수라고 잘난 척하던 과장님이 어제 노래방에서 노래를 부르다 삑사리가 났는데 얼마나 통쾌하던지!"
• "오랜만에 당구 치니까 자꾸만 삑사리가 나네!"

일본어 유래 사전

사라다 ~ 신쭈

사라다	스시
사리마다	쓰끼다시
사바사바	쓰나미
샤부샤부	쓰리
사시미	쓰메끼리
사이다	쓰봉
샤쿠라	시네루
소라색	시다바리
소보로빵	시로도
쇼당	시마이
쇼바	시아게
쇼부	신삥
수타	신쭈
스뎅	

— 123 —
사라다

사라다는 깍둑썰기한 과일이나 야채를 마요네즈로 버무린 음식이다. 사과나 당근, 마카로니, 양파, 소시지 등을 깍둑썰기하고, 삶은 계란을 으깨서 넣은 다음 여기에 마요네즈와 건포도를 섞어 버무리면 맛있는 사라다가 된다.

사라다라는 말은 일본인들이 영어 샐러드salad를 '사라다サラダ'라고 발음한 것인데, 우리가 그대로 가져와 쓰는 경우이다.

일본인들이나 우리가 먹는 사라다는 서양의 샐러드와는 좀 다른 음식이다. 사라다는 서양 샐러드 중 계란샐러드를 좀 더 동양인의 입맛에 맞게 개량한 것이다.

국어사전은 '사라다'를 '샐러드(서양 요리의 하나)의 잘못'이라고 정의하고 있으며, 굳이 우리말로 한다면 '마요네즈 과일 샐러드'정도가 되겠다.

> **마요네즈 과일 샐러드**

사용 예

• "잔치 음식에 사라다가 빠지면 되겠니? 내가 사라다 만들 테니까 너는 수박화채 좀 만들어라."

196 우리말 속 일본어 205가지 바로알기

124
사리마다

남성용 사각팬티

나이 든 어른들은 팬티, 특히 사각팬티를 사리마다(사루마다)라고 부른다. 이 말은 일본의 남성용 속바지 명칭 '사루마타(さるまた −허리에서 허벅지까지 덮는 속옷)'를 변형해서 쓰는 것이다.

사루마타さるまた를 한자로는 '猿服' 또는 '申又'라고 쓴다. '원숭이 옷'이라는 뜻이다. 이것은 일본인들이 서양 사람들을 처음 봤을 때, 그들이 원숭이(사루)처럼 머리털이 노랗고 몸에 털이 많이 났다고 하여, 그들이 입는 속옷을 사루마타(원숭이 가랑이)라 부른데서 유래한 것이다.

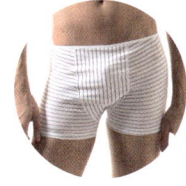

우리나라에는 서양식 속옷인 팬티가 일본을 통해 전래되었고, 그런 과정에서 팬티라는 말 대신 일본말 사루마타가 사리마다로 변형되어 쓰이는 것이다.

팬티에서 유래한 말 '빤스'가 남성용, 여성용 하반신 속옷 모두를 통칭하는 말이라면 '사리마다'는 남성용 하반신 속옷만을 가리키는 말이다.

사리마다는 한복 고쟁이보다 입기 편하고 위생적이며, 통풍이 잘 되어 계층을 막론하고 급속히 확산되었다.

국어사전은 '사루마다'를 '일본의 남성용 속바지. 허리에서 허벅지까지 덮는 속옷'으로, '사리마다'는 '팬티의 경북지방 방언'으로 정의하고 있다.

사용 예

- "아, 글쎄 그놈이 술이 취해서 사리마다만 입고 손님들 앞에 나타났다는 거 아녀."
  "그러게요. 사람은 착한데 술이 문제라니까요."
- "자, 이제부터 신체검사를 할 건데 모두들 사리마다만 빼고 전부 옷을 벗기 바랍니다."

125
사바사바

사바사바는 어떤 일을 잘 진행시키기 위해 '아첨하고 술수를 부린다'라는 뜻이다. '뒷거래를 통해 은밀히 일을 조작하거나 떳떳하지 못한 방법으로 문제를 해결하는 것'을 의미하기도 한다.

아첨하고 술수를 부림

사바사바라는 말은 일본어 사바사바さばさば를 차용한 것인데, 재미있는 사실은 사바さば는 '고등어'를 가리키는 말이라는 것이다.

옛날에 일본에서 관청에 청탁을 하러갈 때, 고등어 몇 마리를 들고 가서 청탁을 하곤 했다고 한다. 그래서 '사바사바'라는 말이 생겨났고, 몰래 뒷구멍으로 은근슬쩍 청탁 하는 것을 가리키는 은어가 되었다고 한다.

다른 주장으로, 언론인 박갑천이 쓴 〈재밌는 어원 이야기〉에 의하면 일본어 사바さば는 중국 당나라 때의 한자 산반散飯·生飯의 음역이며, 밥 먹기 전에 아귀餓鬼에게 한 숟갈 주는 행위, 즉 우리의 '고수레'에 해당하는 말이라고 한다. 여기에서 '뒤탈이 없기를 바라는 마음으로 물품공세를 하는 행위'를 사바사바라 하

물품공세를 하는 행위

199

게 되었다는 주장이다.

국어사전은 '사바사바'를 '뒷거래를 통하여 떳떳하지 못하게 은밀히 일을 조작하는 짓을 속되게 이르는 말'이라고 정의하고 있다.

사용 예

• "윗사람에게 사바사바해서 승진해봤자 그게 오래 가겠냐? 통솔력도 없고 실력도 없는데 아랫사람이 존경하고 따라 주겠어?"

126
샤부샤부

국어사전은 '샤부샤부'를 '끓여서 우려낸 육수에 얇게 저민 고기를 데쳐 갖은 야채 및 양념 국물과 곁들여 먹는 음식'이라고 정의하고 있다.

많은 사람들이 '샤브샤브'라고 표현하는데, 외래어표기법상 '샤부샤부'가 맞다. 샤부샤부라는 말은 일본어 샤브샤브しやぶしやぶ의 우리식 발음이며, 이는 '살짝살짝' 또는 '찰랑찰랑'이란 뜻의 일본어 의태어에서 유래한 것이다.

1952년, 일본 오사카에 개업한 '스에히로スエヒロ'라는 식당이 뜨거운 육수에 얇게 썬 고기와 야채를 익혀 먹는 메뉴를 출시하고 '샤브샤브'라는 이름을 붙였다. 그것이 오늘날 '샤부샤부'라는 음식의 명칭이 된 것이다.

일설에 의하면 샤부샤부는 13세기에 칭기즈칸이 대륙을 정복하던 시절, 병사들이 전장에서 투구를 이용해 물을 끓이고, 그 물에 얇게 썬 양고기와 야채를 익혀 먹던 데서 비롯되었다고 한다. 그것이 일본으로 건너가 현대식 요리로 발전해서 오늘날의 샤부샤부가 되었다는 설이다.

반면 또 다른 설은 중일전쟁 때, 북경식 요리인 솬양러우涮羊肉

가 일본으로 건너가 샤브샤브가 되었다는 주장도 있다. 이 주장에 따르면 일본인들이 솬양러우의 양고기를 쇠고기로 바꾸고, 다양한 재료를 더 추가해 '규니쿠노미즈타키牛肉の水炊き, 쇠고기백숙'라는 요리를 만들었으며, 그것이 널리 퍼지자 샤브샤브란 명칭을 붙였다는 것이다.

토렴

그러나 이러한 주장들에 대해 우리나라 요리 연구가들은 반론을 제기하고 있다. 우리나라의 전통 조리법에도 '토렴'이라는 샤브샤브와 비슷한 형태의 음식이 있고, 그것이 샤브샤브의 원형이라는 주장이다.

토렴은 우리나라 삼국시대 때, 전쟁터에서 철로 된 투구에 물을 끓여 야채와 고기를 익혀 먹거나 데워 먹은 데서 비롯되었다고 한다. 그러므로 샤부샤부는 몽고군에서 유래한 것이 아니라 오히려 몽고군들이 고려의 토렴 법을 배워 활용했으며, 이러한 토렴법이 임진왜란 때 일본으로 건너가 오늘날의 샤부샤부가 되었다는 설이다.

사용 예

- "오늘 아침 방송에 우리 동네에 있는 샤부샤부 맛집이 소개되었다. 내일 퇴근 후에는 가족과 함께 그 맛집에 샤부샤부를 먹으러 갈 예정이다."

— 127 —
사시미

회 중에서도 특히 일식집의 생선회를 사시
미라고 하는데, 사시미는 일본말이며 우리
가 여과없이 그대로 가져와 쓰는 것이다.

생선회

국어사전은 '사시미'를 '생선회(싱싱한 생선
살을 얇게 저며서 간장이나 초고추장에 찍어 먹는 음식)의 잘
못'이라고 규정하고 있다.

일본어 사시미さしみ, 刺身의 원 뜻은 '생선살에 깃발을 꽂다'라는
뜻이다. 즉, 사시미의 어근 사스刺す는 '찌르다', '꽂다'라는 뜻이
고, 미身는 '몸', 즉 '물고기나 생선, 짐승 등의 살'을 의미하므로
'생선살에 무엇을 꽂다'라는 뜻이 된다.

옛날 일본 무사정권시대에 오사카성에 귀한 손님이 방문하게
되었다. 성주는 요리사를 시켜 손님을 위해 맛있는 음식과 술을
준비하게 하였다. 지시를 받은 조리장은 최선을 다해 산해진미
음식과 열 가지가 넘는 생선회를 만들어 올렸다. 성주와 손님은
처음 접하는 생선회를 맛있게 먹었다. 맛에 반한 손님이 성주에
게 생선회의 이름을 물었지만 성주는 열 가지가 넘는 생선회의
이름을 다 알 수가 없어, 조리장을 불러 회의 이름과 조리법을
설명하게 하였다.
이후 조리장은 자신이 모시는 성주가 어떻게 하면 여러 종류의

203

생선 이름을 다 외우지 않고도 회를 즐길 수 있을까 궁리한 끝에, 작은 깃발을 만들어 생선 이름을 적은 다음 그것을 생선살에 꽂아 회를 진상했다.

이후 성주는 깃발에 적힌 생선 이름에 따라 손님들과 맛있는 회를 즐길 수 있었다. 그래서 탄생한 이름이 바로 '사시미'이고, 이는 '생선살에 작은 깃발을 꽂다刺し身'라는 뜻이다.

회가 일본에서 건너온 음식인줄 아는 사람이 많은데, 회는 우리나라 고려시대부터 전해오는 음식이다. 원래 회는 육회처럼 생고기를 양념에 버무려 먹는 요리였는데, 일본의 날생선 요리인 사시미가 널리 퍼지면서 생선회를 일본에서 건너온 음식으로 오인하게 된 것이다. 조선 영조 때의 문신 정약전이 지은 〈자산어보〉에도 여러 가지 물고기를 회로 먹었다는 기록이 나온다.

사용 예

• "우리는 호텔 석식으로 나온 육회 비빔밥과 연어 사시미를 맛있게 먹었다."

128
사이다

사이다는 우리가 즐겨 마시는 청량음료 중 하나이다. 국어사전은 '사이다'를 '청량음료의 하나. 설탕물에 탄산나트륨과 향료를 섞어 만들어, 달고 시원한 맛이 난다.'라고 소개하고 있다.

탄산 청량음료 중 하나

사이다의 어원은 라틴어 시케라sicera인데, 이는 '독주'라는 뜻이다. 이 말이 사과술이나 사과 주스를 가리키는 프랑스어 시드로cidre와 영어 사이더cider를 탄생시켰고, 일본인들이 사이더를 사이다サイダ로 발음한 것인데, 우리가 그대로 차용하여 쓰는 것이다.

사이더 (cider)

우리나라에 사이다가 처음 전해진 것은 1868년이다. 한 영국인이 일본에서 사과와 파인애플 첨가제를 넣은 탄산음료를 개발했는데, 이것을 들여오면서 사이다란 말도 함께 들여와 쓰게 되었다.

참고로, 지금은 '칠성사이다'가 대세이지만 초기에는 '금강사이다'와 '마쓰이 사이다'가 유명했다.

사용 예

- "사이다 하면 칠성 사이다지. 다른 회사들도 꾸준히 만들어서 도전해보지만 칠성 사이다의 아성을 깨뜨리지 못하고 있어."

129
사쿠라

가짜

사쿠라는 원래 벚꽃을 가리키는 일본말이다. 그런데 우리나라에서는 진짜처럼 꾸몄으나 가짜여서 믿음이 가지 않는 사람이나 사물 또는 그런 상태를 가리키는 추상명사로 쓰고 있다. 그럼 왜 벚꽃을 가리키는 말이 가짜를 일컫는 속어가 되었을까?

옛날에 일본에서 말고기를 쇠고기로 속여 팔았는데, 말고기 색깔이 벚꽃과 같은 연분홍색이었기에 이를 '사쿠라니쿠さくらにく'라고 했다. 이때부터 사쿠라さくら란 말이 '가짜'를 뜻하는 은어로 쓰이기 시작한 것이다.

우리나라에서는 가짜뿐만 아니라, 특히 정치판의 변절자를 가리켜 사쿠라라 부르기도 한다.

국어사전은 '사쿠라'를 '다른 속셈을 가지고 어떤 집단에 속한 사람. 특히 여당과 야합하는 야당 정치인을 이른다.'라고 설명하고 있다.

변절자

사용 예
• "TV 맛집 프로그램 완전 사쿠라야. 업체로부터 돈 받고 촬영해서 방송하는 일도 많대. 그러니까 TV 나왔다고 다 진짜 맛집은 아냐."

130
소라색

소라색 하면 많은 사람들이 소라껍질 색깔을 떠올린다. 그러나 '소라そら'는 하늘을 가리키는 한자 '공空'을 일본어로 읽은 것이다. 여기에 우리말 색色을 합쳐서 만든 말이 바로 소라색이다.

하늘색

우리말로 쓰이는 소라색은 한자뜻 그대로 하늘색 또는 연푸른 색을 가리키는 말이다. 하지만 정작 일본에서는 하늘색을 소라색이라 하지 않는다. 우리가 생각하는 하늘색을 일본인들은 물색水色, 즉 미즈아로みずいろ라고 한다. 그리고 연푸른색보다 좀 더 진한 푸른색을 소라색이라 한다.

하늘빛깔

국어사전은 '소라색'을 '하늘의 빛깔과 같은 연한 파란색'이라고 정의하면서 '하늘색' 또는 '하늘빛깔'로 순화해서 쓸 것을 권하고 있다.

사용예

- "와, 하늘 빛깔 참 곱다."
  "맞아요. 완전 소라색이에요."
  "소라색이라고? 지금 하늘색 이미지하곤 잘 안 어울리는데. 소라색이라고 하니까 왠지 바다 소라껍질 색깔이 떠오르잖아."
- 영미는 오늘도 여느 때와 마찬가지로 소라색 원피스를 입고 출근했다.

207

131

소보로빵

곰보빵

소보로빵은 일명 곰보빵이라고도 한다. 이 빵은 지금도 제과점에서 인기 있는 빵 중 하나이다.

표면이 올록볼록하게 되어 있어 '못난이빵'이라고도 불리는데, '소보로빵'이란 명칭 중 '소보로'는 일본어 '소보로そぼろ'를 차용한 것이다. 일본어로 소보로는 실과 같은 물건이 흩어져 엉클어져 있는 모양을 가리키는 말이지만, 찐 생선을 으깨서 만든 식품을 '소보로'라 부르기도 한다.

이처럼 '흩어져 엉클어진 모양'이란 뜻의 일본어 소보로와 우리말 빵을 합쳐서 만든 말이 소보로빵이다.

국어사전은 '소보로빵'을 '곰보빵(밀가루에 달걀 버터 따위를 섞어서 반죽하여 표면을 오돌토돌하게 구워낸 빵)의 잘못'이라고 설명하고 있다.

사용 예

• "나는 소보로빵이 제일 맛있어. 겉이 울퉁불퉁하지만 달달한 데다 폭신한 식감이 좋아."

"그 못생긴 빵이 뭐가 맛있니? 안에 크림이나 앙꼬가 들어있는 단팥빵이나 크림빵이 맛있지."

132
쇼당

쇼당은 승패를 좌우할 수 있는 패를 쥐고 있
는 사람이 판을 뒤흔드는 협상가가 되는 것을
말한다. 이 말은 일본어로 '상거래 상담'을
뜻하는 쇼우당しょうだん 또는 '일반적 상담'을
뜻하는 소우당そうだん에서 유래했다는 설이
가장 유력하다.

흥정

우리나라에서는 주로 고스톱 판에서 많이 쓰이는데, 국어사전
은 '화투놀이의 하나인 고스톱에서, 한 사람이 가진 마지막 화
투짝 2장이 각각 다른 두 사람에게 점수를 나게 하는 화투짝일
때, 화투짝을 공개하고 어떻게 할지를 묻는
일'이라고 정의하고 있다.

**승부를
거는 행위**

자신은 점수가 날 수 없지만 나머지 두 사람
에게 각각 유리한 패를 쥐고 있을 경우, 패
를 보여주며 두 사람의 승부를 붙이는 행위를 말한다. 이 때 쇼
당의 제안을 받아들여 점수가 나는 사람은 진 사람으로부터 두
배의 점수를 가져 오고, 쇼당을 붙인 사람은 아무런 대가를 치
르지 않아도 된다.

사용 예
- "고스톱의 진수인 쇼당을 알고 있다면, 선택의 기로에 섰을 때 현명한 판단을 할
  수 있다. 즉, 3자간에 아무도 손해 보지 않는 비법을 실현할 수 있는 것이다."

209

133
쇼바

 쇼바는 자동차 부품 중의 하나로, 서스펜션 스프링의 2차 충격을 흡수하기 위한 피스톤이 내장된 완충기이다. 자동차 바퀴를 유지하는 휠의 스프링과 차체를 연결하여 도로에서 오는 충격을 막고 핸들의 조작을 유리하게 한다.

이러한 충격완화 장치를 영어로 '쇼크 옵소버shock absorber'라고 하는데, 일본 사람들이 이 용어의 첫음절과 끝음절만을 따서 만든 말이 쇼바アブショバ이다.
우리나라는 그 말을 여과 없이 그대로 받아들여 쓰는 것인데, 이 역시 자동차 기술이 일제 강점기에 일본을 통해 전수되었기 때문이다.

충격 완화장치

국어사전에는 '쇼바'라는 말이 나와 있지 않지만, 우리말로는 '충격완화장치'로 순화할 수 있다.

사용 예
- "과속방지턱을 넘을 때마다 차가 계속 덜컹거리고 삐걱거리는 소리가 나네."
  "쇼바 나간 거 아냐? 교체하려면 비용이 꽤 들 텐데…"

210 우리말 속 일본어 205가지 바로알기

134
쇼부

어떤 일을 결정하기 위해 흥정을 해서 결판
을 낼 때, 또는 물건을 사기 위해 가격을 흥
정해서 합의를 볼 때 '쇼부를 본다' 또는 '쇼
부를 친다'라는 표현을 쓴다.

**흥정 끝에
내는 결판**

쇼부しょうぶ라는 말은 승부勝負의 일본식 발음으로 '흥정', '결판'
이란 뜻이다. 그것을 우리가 '흥정 끝에 결판을 내는 일 또는 그
행위'를 일컫는 말로 쓰고 있는 것이다.
다만 '쇼부를 건다'라고 표현할 때는 흥정의 의미가 배제된 '승
부'의 뜻이다.

국어사전은 '쇼부'를 '이기고 짐을 겨룬다는
뜻으로, 어떤 일에 대해 확실히 결정지음을
속되게 이르는 말'이라고 정의하고 있다.

'최종 결판'을 이르는 속어이지만 우리말 속에서 잘 근절되지 않
는 일본어투 말이다.

▶ 사용 예

• "더 이상 지체할 수도 없고, 이번 기획안으로 쇼부를 보자."
  "알겠어요. 이번엔 사활을 걸고 결판을 내 볼게요."

211

135
수타

손으로 쳐서 만든

국수나 짜장면을 만들 때 손으로 면을 뽑아 만든 것을 수타국수 또는 수타짜장면이라고 한다. 기계면보다 면발이 쫄깃하고 탄성이 있어 더 인기가 있다.

수타手打는 한자 뜻 그대로 '손으로 치다'라는 의미이며, 이 말은 일본어에 근거를 두고 있다. 일본은 면 음식에 대한 오랜 전통을 가지고 있는데, 국수 따위를 손으로 쳐서 만드는 일을 일본어로 '데우치てうち'라고 한다. 그리고 이 말에 한자를 부여한 것이 수타手打이다.

우리나라에서는 '수타'를 대신할 최적어가 없기 때문에 일본어의 한자 표기를 여과없이 그대로 가져와 쓰는 것이다.

국어사전은 '수타'라는 말을 따로 규정하지 않고, '수타국수'를 '손국수'로, '수타 짜장'을 '손으로 직접 면을 뽑아 만든 짜장'으로 설명하고 있다.

사용 예

• "공원 근처에 수타짜장면집 생겼는데 아주 맛있더라. 주말에 거기 가서 점심 먹자."
"좋아. 나 수타면 먹고 싶었는데 잘됐다."

212 우리말 속 일본어 205가지 바로알기

— 136 —
스뎅

스뎅은 크롬합금을 가리키는 말인데, 그릇
만드는 재료로 많이 쓰여서 스뎅하면 스뎅
그릇을 떠올리는 사람들이 많다.

스테인리스

스뎅이란 말은 영어 스테인리스stainless를
일본 사람들이 스뎅ステンレス으로 발음한 것을 우리가 그대로 가
져와 쓰는 경우이다.

영어 스테인Stain은 '얼룩'이란 뜻이고, 리스less는 '적은'이란
뜻이다. 따라서 스테인리스는 '얼룩(녹)이 적다'라는 의미이며,
크롬합금의 정확한 영어 명칭은 스테인리스 스틸stainless steel
이다.

스테인리스 스틸은 크롬 함량이 12%이상이기 때문에 다른 금
속보다 산화 서열이 높아 녹이 잘 슬지 않거나 녹이 슬더라도
닦아내면 금방 깨끗해진다. 이런 특성 때문에 그릇 만드는 재질
로 많이 쓰이는 것이다.

안녹쇠

우리나라는 전통적으로 구리와 주석 합금인
청동으로 만든 놋그릇鍮器을 많이 사용했다.
그러나 놋그릇은 쉽게 녹이 스는 단점이 있
어 지금은 대부분 스테인리스 그릇이나 사

213

기그릇으로 바뀌었다.

국어사전은 '스뎅'을 '스테인리스stainless를 속되게 이르는 말'이라고 정의하고 있다. 녹이 잘 슬지 않는 성질에 주안점을 두어 '안녹쇠'로 순화할 것을 권하고 있지만 잘 이행되지 않고 있다.

사용 예

• "엄마, 찬장에 있는 스뎅그릇 꺼내서 제사음식 담을까요?"
  "아니다. 시렁에 있는 목제기 가져다 마른행주로 닦아서 거기 담아라."

137
스시

스시는 소금과 식초, 설탕으로 간을 한 작은 주먹밥 위에 얇게 저민 생선이나 김, 달걀, 채소 등을 얹거나 말아서 만든 일본의 대표 음식이다.

국어사전은 '스시'를 '물기가 조금 적게 지은 밥에 식초, 설탕, 소금 등을 넣고 한줌 쥐고, 그 위에 김, 생선, 유부 따위를 올려 만드는 일본 요리'라고 정의하고 있다. 우리말로 하면 '생선초밥' 정도가 되겠다.

생선초밥

우리말 '생선초밥'에서 알 수 있듯 스시의 주재료는 생선과 식초인데, 스시すし라는 말의 어원도 신 맛과 관련이 있다. 즉, 일본어로 슷빠이すっぱい는 '신 맛'이란 뜻이고, 그것의 형용사형이 스시酸し이다.

스시는 애당초 생선을 장기간 보관할 목적으로 생선살 위에 전분을 발라 발효한 데에서 유래했다. 스시すし를 한자로 쓰면 수사寿司인데, 이 말에는 생선을 오래 보관하기 위해 얇게 썰어 숙성 발효시킨다는 의미가 담겨 있다.

일본에서 스시는 '노동자들의 음식'으로 불렸다. 에도 막부 시

215

대에 도쿄의 노동자들이 길거리에서 빠른 한 끼를 위해 먹었던 음식이 스시이다. 그러다 산업화시대에 포장마차에 놓고 파는 간편 음식으로 대중화 되었다.

이후 간장을 이용한 생선 조리 방식이 다양해졌고, 와사비(고추냉이)를 이용해 생선의 비린맛을 억제하고 항균을 강화하면서 오늘날의 각종 초밥으로 발전했다.

사용 예

• "구청 옆 새로 지은 상가에 스시 뷔페 생겼더라. 우리 거기 가서 스시 먹자."

138
쓰끼다시

일식집이나 횟집에 가면 본 음식이 나오기 전에 몇 가지 예비 음식들이 나오는데, 이 음식들을 쓰끼다시 또는 쯔끼다시라고 한다.

덤반찬

쓰끼다시라는 말은 일본어 쓰끼다시つきだし를 여과 없이 그대로 가져와 쓰는 것으로, 본뜻은 '쑥 밀어냄' 또는 '씨름판에서 상대편 가슴을 밀쳐 밖으로 밀어내는 수', '본 요리 전에 내놓는 간단한 안주' 등이다. 이중 우리나라에는 '본 요리 전에 내놓는 간단한 안주'로서의 의미가 유입되어 쓰이는 경우이다.

곁두리

국어사전은 '쓰끼다시'를 '일식집에서 주된 음식이 나오기 전에 가볍게 먹을 수 있도록 내어놓는 음식이나 술안주'라고 정의하고 있다.

스끼다시를 우리말로 하면 '덤반찬', '곁들임 안주', '곁두리' 정도가 되겠다.

아이러니한 것은 우리나라에서는 횟집이나 일식집에서 덤반찬인 쓰끼다시를 많이 주지만, 정작 일본에서는 덤반찬인 쓰끼다시가 거의 없다. 본 음식에 추가되는 반찬은 작은 것이라도 각각 돈을 지불하고 먹어야 한다. 본 요리가 나오기 전에 나오는

217

입맛 돋움 음식이나 안주라야 겨우 전채前菜 정도가 고작이다. 일식집이나 횟집의 풍성한 쓰끼다시는 우리나라가 만들어낸 한국식 음식 문화이다.

사용 예

• "강릉 가서 유명한 횟집이라고 갔더니, 회 값은 엄청 비싸고 스끼다시도 형편없었어. 정말 실망했다니까."
  "그래서 관광지 횟집은 소문만 믿고 가면 안 된다니까."

139
쓰나미

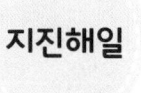
지진해일

쓰나미는 '지진 또는 화산으로 인해 발생하는 대규모 해일'을 가리키는 말이다.
국어사전은 '쓰나미'를 '지진이나 화산 폭발로 발생하는 해일. 주로 해저 지진에 의해 발생하는데, 해저사태海底沙汰나 연안사태沿岸沙汰 등이 원인이 되기도 한다.'라고 설명하고 있다.

쓰나미라는 말은 '지진해일'을 뜻하는 일본어 '츠나미'를 우리식 음운에 맞게 변형해서 쓰는 것이다.

쓰나미의 어원을 살펴보면, 1946년 4월 1일, 미국 알래스카 근처의 우니마크 섬에서 진도 7.2의 강진이 발생했다. 당시 이 지진으로 인해 야기된 초대형 해일이 하와이까지 밀어 덮쳤고, 이로 인해 165명의 하와이인들이 목숨을 잃었다. 당시 해일의 참상을 목격한 한 일본계 하와이인이 이 해일을 '쯔나미つなみ'라고 표현한 것이 계기가 되어 '대형 지진해일'을 '쯔나미'라 부르기 시작했다.
그로부터 2년 후, 미국 정부가 하와이에 '지진해일경보센터'를 건립하면서 이 센터의 명칭에 'tsunami'라는 영문을 포함시켰다. 이후 1963년에 열린 국제과학회의에서 '츠나미tsunami'가 '지진해일'을 가리키는 공식 국제용어로 채택되었다.
해일 발생의 원인을 보면, 지진으로 인해 해저가 융기하거나 침

219

 강하면 해수면의 변화가 생기고, 이에 따라 큰 물결이 일어나 사방으로 퍼지게 되며, 이 것이 해안에 이르는 과정에서 높은 파도로 변하게 되는 것이다.

태풍에 의해 발생하는 해일을 '폭풍해일'이라고 하고, 지진으로 인해 발생하는 해일은 '쓰나미'라고 한다.

종종 어떤 사건이나 현상의 강한 후폭풍을 '쓰나미'에 빗대기도 하는데, 이는 쓰나미의 여파가 엄청난 파괴력을 동반하기 때문이다. '국제금융 쓰나미', '코로나 쓰나미' 등이 그 용례이다.

사용 예

• "2년 전 발생한 쓰나미 참상의 기억이 생생하기 때문에 이번에 발표된 지진 예고 경보는 주민들에게 더욱 큰 불안감을 안겨주고 있습니다."

• "머지않아 미국 발 금융위기의 쓰나미가 밀어닥친 조짐입니다."

140
쓰리

'지갑을 쓰리 당했다' 또는 '쓰리꾼이 횡행했
다'라고 말할 때, '쓰리'는 우리말이 아니다.
어떤 사람은 '쓸이'가 변하여 '쓰리'가 된 것
으로 알고 있지만 그렇지 않다.

소매치기

쓰리는 '소매치기'를 가리키는 일본말 스리すり의 우리식 발음으
로, 이는 '소매치기 하다'라는 뜻의 동사 스루する의 명사형이다.

국어사전은 '쓰리'를 '소매치기(남의 몸이나 가방을 슬쩍 뒤져
금품을 훔치는 짓)의 잘못'으로 정의하고 있다.

지금은 우리나라의 교통수단과 시스템이 고도로 발달하여 유럽
과 미국사람들까지도 부러워할 정도가 되었지만, 1960~70년

대만 해도 콩나물시루 버스와 만원 지하철
등 열악한 교통 환경으로 인해 많은 사람들
이 고생을 했다. 게다가 이때는 버스 안이나
지하철 안에서 지갑을 쓰리당하는 사람도
부지기수였다.

> **사용 예**
> • "아휴, 나 어제 지하철 안에서 지갑 쓰리 당했어."
>   "세상에! 어쩌다가?"
>   "퇴근할 때 지하철 안이 복잡해서 정신이 없었는데, 쓰리꾼이 칼로 긋고 꺼내갔
>   더라니까!"

141
쓰메끼리

**손톱
자르개**

아직도 많은 사람들이 손톱깎이를 '쓰메끼리'라고 부르는데, 이 말은 일본어 츠메키리 つめきり의 한국식 발음이다.

일본어로 츠메つめ는 '손톱'이고, 키리きり는 키루きる의 명사형으로 '자르개'라는 뜻이다. 따라서 츠메키리는 '손톱자르개'란 의미이다.

츠메키리, 즉 손톱자르개가 일본을 통해 우리나라에 들어오면서 자연스레 명칭도 따라 들어와 쓰메끼리로 변형 발음되면서 손톱깎이를 이르는 말로 쓰이고 있는 것이다. 국어사전에는 '쓰메끼리'라는 말이 나와 있지 않다.

참고로, 한때 한국의 손톱깎이 제조 회사 쓰리쎄븐777의 제품이 전세계 손톱깎이 시장 점유율 50%를 육박한 적이 있고, 지금도 여전히 한국산 손톱깎이가 세계적으로 각광받고 있다.

손톱깎이

사용 예

• "쓰메끼리는 일제가 최고야. 잘 깎이기도 하고, 자를 때 손톱이나 발톱이 튀질 않아."
  "그런 말 마세요! 요즘 한국산 손톱깎이가 전 세계에 불티나게 팔리는 거 아세요?"

222 우리말 속 일본어 205가지 바로알기

142
쓰봉

나이 드신 분들은 종종 바지를 쓰봉이라고 부르는데, 바지 중에서도 주로 양복바지를 쓰봉이라고 한다.

쓰봉의 어원은 프랑스어 쥐퐁Jupon이다. 이 말을 일본사람들이 '즈봉ズボン'이라 발음했고, 우리가 그것을 '쓰봉'으로 변형해서 쓰는 것이다.

양복바지

원래 프랑스어 쥐퐁은 바지를 가리키는 말이 아니다. 정작 프랑스에서는 바지를 판탈롱pantaion이라 하고, 쥐퐁은 스코틀랜드 남성들이 입는 짧은 스커트나 킬트를 가리키는 말이었는데, 이것이 프랑스에서 여성용 속치마를 이르는 말, 또는 여자나 아가씨를 비하해서 부르는 속어로 쓰였다.

일본사람들은 전통적으로 기모노를 입었기 때문에 바지라는 개념이 없었다. 그러다 명치시대에 서양으로부터 많은 문물을 받아들이면서 바지도 받아들여 착용하게 되었으며, 그것을 지칭할 적당한 말을 찾던 중 프랑스어 쥐퐁을 가져와 '즈봉'이라 부르기 시작한 것이다.

223

우리나라는 개화기 때 일본으로부터 양복을 받아들이면서 본격적으로 쓰봉이란 말을 사용하게 되었다.

국어사전은 '쓰봉'을 '양복바지(양복의 아랫도리)의 잘못'으로 규정하고 있다.
일본어 발음대로 '즈봉'이라고 표현하는 사람들도 있는데, 규범 표기는 '쓰봉'이다.

사용 예

• "여보, 내 검은 쓰봉 세탁소에 맡긴 거 찾아놨어?"
  "아직요. 다른 쓰봉 입고 가요."
  "알겠어. 그냥 입던거 입고 가야겠네."

143
시네루

당구 용어 중에 '시네루'라는 말이 있다. 보통 '시네루를 먹인다'라고 표현하는데, 이는 '틀어치기를 해서 공이 회전하며 나가게 한다'라는 뜻이다. 즉, 큐대로 당구공의 좌측이나 우측면을 쳐서 당구공이 크게 회전을 하면서 원하는 곳으로 나아가게 하다는 것을 이르는 말이다.

회전

시네루라는 말은 일본어 '히네리 ひねり'를 한국식으로 발음한 것이다. 일본어의 원래 의미는 '비틂' 혹은 '비틀 듯이 집은 한 줌'이라는 뜻이다.

오픈국어사전은 '시네루'를 '당구에서 주로 쓰는 용어. 공에 회전을 넣다. 종, 횡으로 회전하는 성질을 뜻함. 전문 당구 용어로 일본말이 잘못 전해진 형태의 언어로 회전과 관련된 모든 대화에서 속어로 자주 사용된다.'라고 설명하고 있다.

회전하는 성질

당구 용어지만 일상에서 비유적으로 쓰기도 하는데, '더 이상 시네루 놓지 말고 털어봐라.'라는 말은 돌려서 말하지 말고 직설적으로 말하라는 뜻이다.

▎사용 예

• "야, 너 당구 잘 못 친다더니 시네루 먹이는 거 보니 안 되겠다. 점수 올리고 치자."

225

144

시다바리

막 부리는 아랫사람

시다바리는 조수나 하수인, 똘마니, 보조일꾼, 초보일꾼 등을 이르는 속어이다.

'시다바리'에서 뒤의 '바리'를 떼고, '시다'라는 말이 공장이나 노동현장에서는 보조원 또는 견습생을 가리키는 말로 사용되기도 한다.

이처럼 하수인이나 보조원을 일컫는 말 시다바리는 일본어 시따바리したばり를 우리식으로 발음해서 쓰는 것이다.

일본어로 시따した는 '조수'라는 의미이고, 바리ばり는 '하체'나 '하부'를 뜻하는 말이다. 따라서 시따바리는 '막 부리는 아랫사람'이라는 뜻이다.

참고로, '꼬붕'이 관계적 아랫사람을 뜻한다면 '시다바리'는 업무적 아랫사람을 뜻한다.

국어사전은 '시다바리'를 '일하는 사람 옆에서 그 일을 거들어주는 사람'으로 정의하면서 '곁꾼', '보조원' 등으로 순화해서 쓸 것을 권하고 있다.

곁꾼, 보조원

사용 예

• "야, 내가 니 시다바리냐? 왜 자꾸 나보고 이거 해라 저거 해라 시키냐?"

145

시로도

시로도는 어떤 분야의 초보자나 견습공 또는 어깨 너머로 배운 기술로 어설프게 일하는 사람을 가리키는 말이다.

어설픈 초심자

시로도라는 말은 일본어 시로오토しろうと를 우리식으로 발음해서 쓰는 것인데, 시로오토는 원래는 화류계의 신출내기를 가리키는 말이었다.

일본 중세시대에 화류계 여성 중에서 가곡이나 무용에는 재주가 없어서 얼굴에 하얀 분만 바르고 직을 유지하던 기생을 가리켜 '시로오토白人'라고 했다. 이것이 후에 '어설픈 초심자'를 가리키는 말 '시로오토素人-소인'로 변한 것이다.

비전문인, 초짜

일본어 시로오토しろうと, 초보자의 반대말은 쿠로오토くろうと, 전문가이며, 국어사전에는 '시로도'란 말이 나와 있지 않다.
시로도를 우리말로 바꾸자면 '비전문인' 또는 '초짜'가 적당하다.

사용 예

• "너 같은 시로도가 뭘 한다고 그래? 괜히 일 망치지 말고 일찌감치 손 떼!"
  "저 시로도 아녀요. 1년간 기술 배워서 자격증 땄다고요!"

227

146
시마이

마무리

하던 일을 멈추고 마무리하려 할 때, 또는 어떤 과정을 종결하려 할 때, '오늘 그만 시마이 하자.'라는 표현을 쓴다.

시마이라는 말은 주로 공사장이나 군대, 작업장 등에서 많이 쓰이는데, 일본어를 여과 없이 그대로 들여와 쓰는 경우이다.

일본어 시마이しまい는 '시마우しまう'의 명사형으로, '마침', '끝냄', '간수함', '(가게 등의) 문을 닫음'이라는 뜻이다. 어떤 물건이 다 팔렸을 때는 '매진'이라는 뜻으로도 쓰인다.

국어사전은 '시마이'를 '하던 일을 마물러서 끝냄. 또는 그런 때'라고 정의하고 있다. 우리말로 대체하자면 '마무리'나 '마감' 정도가 적당하다.

마감

사용 예

• "자, 이제 연장 챙기고 시마이 합시다."
  "반장님, 시마이하고 맥주 한 잔 하는거죠?"

228   우리말 속 일본어 205가지 바로알기

147
시아게

봉제업계나 건축업계에서 쓰는 말 중에 시아게(시야기)라는 말이 있다. 이 말은 '끝손질', '뒷마감', '마무리', '마지막 공정' 등의 뜻을 가진 일본어 시아게しあげ를 그대로 가져와 쓰는 경우이다.

마무름

시마이가 하던 일을 끝내는 것이라면 시아게는 어떤 공정의 끝내기를 말한다. 봉제 공정에서는 단추 구멍 내기, 라벨과 단추 달기, 실밥 떼기 등이고, 건축업계에서는 각 구간별 공사 공정의 마무리를 뜻한다.

끝손질

국어사전은 '시아게'를 '①일의 마지막 손질 ②옷을 짓고 나서 마무리하는 일'이라고 정의하면서 '마무름', '마감', '끝손질' 등으로 순화해서 쓸 것을 권하고 있다.

사용 예

• "사장님, 이번에 입고된 옷들 시아게가 엉망에요."
 "아, 그래요? 어떤 부분이 엉망인지 알려주시겠어요?"
 "실밥 제거도 제대로 안 됐고, 다림질도 엉망이에요."

229

148
신삥

신출내기

신삥은 군대에 새로 들어온 신병이나 회사의 신입사원, 조직의 신참을 이르는 속어이다.

이 말은 일본어 신삥しんぴん, 新品을 우리가 신삥으로 발음하여 사용하는 것으로, 신삥의 원 뜻은 '신제품' 또는 '아주 뛰어난 작품' 등이다.

국어사전은 '신삥'을 '①군인들의 은어로, 신병이나 새로 전입해 온 병사를 이르는 말 ②집단이나 조직에 처음 들어와 조직 생활에 익숙하지 않은 사람을 속되게 이르는 말'로 정의하고 있다.

신삥을 참신한 우리말 '신출내기', '신참', '새내기' 등으로 얼마든지 순화할 수 있는데, 일본인들이 물건을 대상으로 하여 쓰는 말을 우리가 사람을 대상으로 하여 쓰는 것은 일제의 잔재이자 스스로를 비하하는 행위이다.

새내기

사용 예

• "어휴, 신삥들 교육시키느라 엄청 힘들었어. 갈수록 신삥들 교육 시키기가 힘들다니까!"
"그러게 말이야. 요즘 신참들은 덩치만 컸지 동작도 굼뜨고 참을성도 없어."

230 우리말 속 일본어 205가지 바로알기

149
신쭈

구리와 아연의 합금인 황동黃銅을 신쭈라 부르기도 한다. 특히 산업 현장이나 장식품업계에서 신쭈라는 말을 많이 쓴다.

황동
(黃銅)

신쭈しんちゅう, 眞鍮는 일본말인데 우리가 그대로 가져와 쓰는 것으로, '노란색 구리'라는 뜻이다. 국어사전에는 신쭈라는 말이 나와 있지 않지만, 우리말로는 '황동黃銅' 또는 '놋쇠'로 대신할 수 있다.

구리는 강도가 약해서 장신구를 만들 때 세밀한 작업을 할 수 없다. 그러나 구리와 아연의 합금인 황동(신쭈)은 세밀한 작업이 가능하고, 그 위에 금이나 은을 도금하면 멋진 장신구가 된다. 또 황동은 강하고 단단한 성질 때문에 건물 계단 끝 모서리 마감에도 많이 사용된다. 고물상에서도 신쭈는 높은 가격을 쳐주는데, 이는 재활용 가치가 높은 합금이기 때문이다.

사용 예

• "얘, 그 귀고리 참 예쁘다. 재질이 뭐니?"
  "응, 이거 신쭈야."
  "그렇구나. 나도 신쭈 귀고리 하나 사야겠다."

일본어 유래 사전

아까징끼 ~ 이빠이

아까징끼
아나고
아다리
아도
아싸리
아시바
아이롱
앙꼬
야끼만두
야리꾸리
야마
야매
야지
애매

애자
에리
엑기스
엥꼬
오뎅
오봉
오야붕
와꾸
와리깡
와리바시
와사비
와이로
왔다리갔다리
요이 땅!

요지
우라
우라까이
우와기
유도리
이빠이

150
아까징끼

예전에는 크고 작은 타박상을 대비해서 집집마다 가정상비약으로 아까징끼를 구비하고 있었다.

일명 '빨간약'으로 불렸던 아까징끼는 독일에서 개발한 팅쳐Tinktur-알코올로 추출한 액이며, 상품명은 머큐로크롬를 일본식으로 부른 이름이다. 즉, 붉은 색을 뜻하는 일본어 '아까あか'와 독일어 팅쳐Tinktur의 일본식 발음 '징끼チンキ'를 합성한 말이다. 굳이 풀이하자면 '빨간약'이란 뜻이며, 머큐로크롬이 붉은 색을 띠기 때문에 그렇게 이름 붙인 것이다.

비공식 용어이기 때문에 국어사전에는 '아까징끼'라는 말이 나와 있지 않다. 그럼에도 나이 드신 분들은 지금도 여전히 팅쳐의 대표 상품인 머큐로크롬을 아까징끼라 부른다.

아까징끼는 단순히 상처 소독약에 불과하지만 만병통치약처럼 쓰였다. 상처가 나면 술이나 된장을 바르는 등 민간요법에 의존해서 덧나기도 하고 부작용이 많았는데, 아까징끼를 사용하면 2차 감염이 생기지 않아 상처에는 만병통치로 여겨졌던 것이다.

머큐로
크롬액

아까징끼의 주성분은 메르브로민merbromin인데, 수은이 함유된 것으로 밝혀져 지금은 시장에서 퇴출되었고, 대체품으로 요오드팅크(일본말로 옥도정기)가 생산되었으나 오늘날에는 그마저도 사용하지 않고 있다.

사용 예

- "아이구, 애가 넘어져 무릎이 깨졌네. 아까징끼 발라야겠다."
  "할머니, 요즘엔 아까징끼 안 발라요. 후시딘 바르면 상처도 안 나고 금방 나아요."

151
아나고

붕장어

아나고는 붕장어의 일본어 명칭인데, 주로 어판장이나 횟집 등에서 아나고あなご라는 말을 많이 쓴다.
국어사전은 '아나고'를 '붕장어(붕장어과의 바닷물고기)의 잘못'이라고 정의하고 있다.

일본어 아나고あなご는 혈자穴子, 즉 '구멍을 뚫는 놈' 이라는 뜻이다. 즉, 일본말로 아나あな는 '구멍'이란 뜻이고, 고こ는 '자식(새끼)'이라는 의미이다. 붕장어가 바다의 모래바닥을 뚫고 들어가는 습성이 있기 때문에 그런 이름이 붙여졌다.
아나고는 낮에는 모래톱에 몸통을 반쯤 숨긴 채 머리를 쳐들고 있다가 다른 물고기가 활동하지 않는 밤에 주로 활동한다.

우리나라에서는 지방에 따라 명칭이 다양한데, 표준어는 붕장어이고 충남에서는 붕어지, 전남에서는 짱애 혹은 꾀장어, 진도에서는 참장어 등으로 불린다.

정약전의 〈자산어보〉에서는 붕장어를 해대려海大鱺라고 부르면서, '눈이 크고 배 안이 묵색墨色으로 맛이 좋다'라고 기록하고 있다. 지방이 적고 담백하며 쫄깃쫄깃한 맛 때문에 회를 먹을 줄 모르는 사람들도 아나고회는

해대려
(海大鱺)

236 우리말 속 일본어 205가지 바로알기

먹을 줄 안다. 회 말고도 구이와 초무침 등으로 먹으며, 일본에
서는 덴뿌라てんぷら로 만들어 먹거나, 양념 구이를 해서 밥에 얹
어먹기도 한다.
급한 성질 때문에 양식이 어렵고, 우리나라에서는 주로 남해안
에서 많이 잡힌다.

사용 예

- "야, 우리 다음 주 토요일에 진도에 아나고회 먹으러 가자."
  "아나고는 일본말이야. 우리말로는 붕장어이고, 진도 말로는 참장어. 알
  겠냐?"

152

아다리

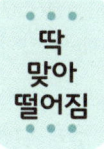

딱 맞아 떨어짐

어떤 상황이 기대했던 바에 딱 맞게 맞아 떨어지거나 적중했을 때, 우리는 '아다리가 됐다' 또는 '아다리 걸렸다'라는 표현을 쓴다. 또 바둑에서 한 수만 더 두면 상대의 돌을 따낼 수 있는 단수單手 상태일 때, 즉 다음 차례에 상대가 수를 써서 도망가지 않으면 돌이 잡히는 상태일 때를 '아다리'라고 한다.

아다리라는 말은 우리말 같지만 사실은 일본어 아타리あたり에서 온 것이다. 일본어 아타리あたり는 '촉감', '감촉', '짐작', '적중', '당첨', '예상외로 히트한 것', '제비에 뽑힘' 등 다양한 뜻을 가지고 있다. 이 중 우리는 '적중'이나 '예상외로 히트한 것', '바둑의 단수 상태'의 의미만을 인용하여 아다리로 발음하면서 사용하는 것이다.

단수

국어사전은 '아다리'를 '바둑에서 한 수만 더 두면 상대의 돌을 따낼 수 있는 상태. 또는 그 수'라고 정의하고 있다.

사용 예

- "계속 시도하다보면 어느 순간 '앗, 이번에는 걸렸다, 속칭 아다리가 됐다'라는 순간이 옵니다. 그러니 끈기를 가지세요."
- "그러지 말고 중앙의 대마를 아다리 치세요. 그런 다음 다시 패를 써요."

153
아도

어떤 것을 혼자서 독차지하거나 남은 물건을 혼자서 몽땅 매입할 때, 종종 '아도친다.'라는 표현을 쓴다. 이때 '아도'는 일본어 '아또 あと, 後'를 빌어 쓰는 것으로, 아또의 본뜻은 '나중에', '뒷일', '나머지', '후임자' 등이다.

독차지

우리가 사용하는 '독차지', '싹쓸이', '전유專有'의 뜻으로서의 아도는 아또의 의미 중 '나머지'를 변형해서 쓰는 것이다.

싹쓸이

아도는 독차지나 싹쓸이 보다 좀 더 강한 상황이나 상태를 속되게 표현하고자 할 때 이 말을 쓴다.
규범화 되지 않은 속어이므로 국어사전에는 '아도'라는 말이 나와있지 않다.

─ 사용 예

- "형님, 여기 이 물건 우리가 모두 아도 칩시다."
"이 많은 걸 전부 사서 뭐하게?"
"우리가 사용하자는 게 아니고, 아버지 다니시는 노인정에 기부자자는 거지요."

154

아싸리

차라리

아싸리는 '아예', '차라리', '그럴 바에는 오히려', '깨끗하게' 등 여러 의미로 쓰이는 부사인데, 뜻의 범위가 좀 불분명하다.

이 말은 일본어 '앗싸리あっさり'를 아싸리로 발음해서 쓰는 경우로, 일본어의 원 뜻은 '담박하게', '산뜻하게', '시원스럽게', '깨끗하게', '간단히' 등이다. 그것을 우리는 '차라리', '그럴 바에는 오히려' 등 비슷한 의미로 쓰고 있는 것이다.

말의 어감이 강하여 차라리, 아예 등을 강조할 때 아싸리라는 말을 쓰곤 한다. '앗사리'로 표현하기도 하는데 이는 아싸리의 비표준어이다.

국어사전은 '아싸리'를 '①그럴 바에는 오히려 ②차라리의 경상도 방언'으로 소개하고 있다.

그럴 바에는 오히려

사용 예

- "애당초 네 깜냥이 안 되는 일이었어. 여러 사람 괴롭히지 말고 아싸리 포기해라."
- "사람이 파락호가 분명했으나 맺고 끊는 게 일본말로 앗싸리했다고, 드르륵 판자문이 열리며 건장한 사내가 인부 둘을 데리고 등장했다. 그는 먼저 만이 아저씨와 시선이 마주치자 얼른 고개를 굽신해보였다." - 황석영의 〈마터2-10〉 중에서 -

240 우리말 속 일본어 205가지 바로알기

155
아시바

아시바는 건물을 지을 때 높은 곳을 가로지르며 일할 수 있도록 건물 바깥으로 설치한 가설 발판을 말한다.
이 말은 주로 건축현장에서 쓰는 용어로, 일본어 아시바あしば, 足場를 그대로 들여와 쓰는 경우이다.

안전발판

국어사전에는 '아시바'란 말이 나와 있지 않지만, 우리말로는 '안전발판', '안전난간', '비계飛階' 등으로 바꿔 쓸 수 있다.

건설현장에서는 비계라는 말과 아시바라는 말을 가장 많이 쓰며, 같은 산업현장이지만 조선소에서는 아시바를 일본어 한자 표현 그대로 족장足場이라 부른다.

**비계
(飛階)**

아시바는 재료에 따라 통나무아시바와 파이프아시바로 나뉘며, 용도상으로는 외부아시바, 내부아시바, 수평아시바, 사다리아시바 등으로 나눈다.

사용 예
- "여기 공사장은 벽면과 아시바 사이 공간이 넓어서 특히 안전에 신경을 써야 합니다."
- "오늘은 건물에 창틀을 설치하기 위해 아시바를 철거했다."

241

156
아이롱

다리미

아이롱은 다리미의 다른 명칭이다. 특히 미용실에서 아이롱이란 말을 많이 쓰는데, '아이롱 고데기', '아이롱 파마', '아이롱 드라이', '아이롱 펌' 등 아이롱 자가 붙은 미용 용어가 많다.

아이롱이란 말은 영어 iron을 일본인들이 아이롱アイロン으로 발음한 것인데, 우리가 그것을 여과없이 그대로 가져와 쓰는 경우이다.
영어 iron의 본뜻은 '쇠', '철'이지만 우리는 일본에서와 마찬가지로 다리미를 가기키는 말로 쓰고 있는 것이다.

속어이기 때문에 국어사에는 '아이롱'이란 말이 나와 있지 않고, 일한사전에는 '아이론'이 '①다리미 ②머리카락을 지지는 데 쓰는 기구'로 나와 있다.

사용 예

• "머리 모양은 아이롱으로 잡아야 예쁘게 나오던데요. 전 그걸로 해 주세요."

157
앙꼬

앙꼬는 '팥소', 즉 '팥앙금'을 가리키는 말인
데, 이는 일본어를 차용한 것이다.

팥소

팥앙금을 일본식 한자로는 떡소 함餡 자와 아
들 자子 자를 써서 '함자餡子'라고 쓰며, 이것
을 일본말로 읽은 것이 '앙꼬あんこ'이다. 즉 餡은 앙, 子는 꼬로
읽은 것이다. 사람 이름에서도 일본인들은 '子'를 '꼬'로 읽는 것
을 볼 수 있다. 미지자美智子는 미찌꼬, 명자明子는 아끼꼬, 함자
餡子는 앙꼬 이런 식이다.

국어사전은 '앙꼬'를 '①떡이나 빵의 안에 든 팥 ②다이너마이
트를 남폿구멍에 넣고 난 다음 그 둘레에 다져 넣는 진흙 따위
의 물질'로 정의하면서 '팥소'로 순화할 것을 권하고 있다.

팥앙금

세대를 막론하고 남녀노소가 누구나 다 즐
겨 먹는 빵 중 하나가 단팥빵이다. 단팥빵은
부드러운 빵 안에 달달한 앙꼬가 들어있어
인기가 있다. 단팥빵뿐만 아니라 찐빵이나
찹쌀떡 안에도 앙꼬, 즉 팥앙금이 들어가는
데, 앙꼬가 없으면 빵은 제 맛을 못 낸다. 그만큼 앙꼬는 빵에
서 중요한 재료이다.

관용어로 쓰이는 말 중에 '앙꼬 없는 찐빵'이란 말이 있다. 이것은 '중요한 핵심이 빠진 상태'를 은유적으로 빗대는 표현이다.

사용 예

• "어제 오랜만에 단팥빵 먹었는데 앙꼬가 듬뿍 들어있어 진짜 달고 맛있더라."

• '앙꼬 없는 찐빵' 이란 말은 '향기 없는 장미', '오아시스 없는 사막', '바퀴 없는 자동차' 등의 말로 대신할 수 있다."

158
야끼만두

우리나라 중국음식점에서 파는 군만두를 보통 야끼만두라 부른다. 국어사전은 '야끼만두'를 '군만두(기름에 지지거나 기름을 발라 불에 구운 만두)의 잘못'으로 정의하고 있다.

야끼만두라는 말은 일본어 '야끼やき, 燒'와 우리말 '만두'를 합쳐서 만든 합성어이다. 일본어 야끼やき는 '불에 굽다'라는 뜻인데, 그것을 만두 앞에 붙여 국적불명의 말을 만든 것이다.

군만두

만두는 중국에서 시작된 음식이다. 이것이 한국을 거쳐 일본으로 전해졌다.
중국에서는 속이 들어있지 않은 흰 빵, 이를테면 고추잡채에 곁들여 나오는 꽃빵 같은 것을 '만두'라 하고, 속에 무언가를 넣은 만두는 '교자'라고 한다. 일본에서도 속이 든 만두는 '교자'라고 한다. 만두의 일본식 발음인 '만쥬まんじゅう'는 밀가루나 쌀가루에 소를 넣어 만든 과자를 일컫는 말이다.

사용 예
• "사거리에 신장개업한 중국집에 짜장면 두 그릇 시키면, 오픈 기념으로 야끼만두 한 접시는 공짜로 준다는데…."
"그래? 그럼 점심때 짜장면 시켜먹자."

245

159
야리꾸리

모호

야리꾸리라는 말은 우리나라에서 여러 가지 의미로 쓰이는 말이다. '모호', '야릇', '이상', '야시시' 외에도 여러 뜻으로 두루 사용된다. 야리꾸리한 냄새는 이상한 냄새라는 뜻이고, 야리꾸리한 포즈는 야시시한 포즈라는 뜻이고, 야리꾸리한 상황은 모호한 상황이란 뜻이다.

이처럼 조금씩 다른 의미로 쓰이는 야리꾸리라는 말은 일본어 '야리쿠리やりくり, 遣繰'를 우리식으로 발음하면서 의미도 변형해서 쓰는 것이다. 일본어의 원 뜻은 '변통', '둘러댐', '방편을 마련함' 등인데, 우리는 보통 야리꾸리라는 말 뒤에 '하다'를 붙여 형용사로 쓰고 있는 것이다.

국어사전은 '야리꾸리'라는 명사 대신 '야리꾸리하다'를 '(속된 말로 무엇이) 조잡하거나 불분명하여 야릇하다'라고 정의하고 있다.

야릇

사용 예

- "날씨가 참 야리꾸리하네."
- "야, 그렇게 야리꾸리한 눈으로 쳐다보지 마라."
- "그 여자 차림새가 참 야리꾸리하더라."

160
야마

원하지 않는 좋지 않은 상황에 놓이거나 심하게 화가 나면 속된 말로 '야마 돈다'라는 표현을 쓴다.

머리

야마ゃま는 일본어로 '산山'을 뜻하는 말이다. 따라서 '야마 돈다'라는 말은 '산이 돈다'라는 뜻인데, 왜 화가 났을 때 산이 돈다는 표현을 쓰게 되었을까?

우리나라가 산업화되던 시절, 건설 현장이나 설비 현장에서 볼트 너트를 조일 때, 불량 나사가 많아 볼트의 산山부분이 망가져 너트가 헛도는 경우가 많았다. 그리고 이렇게 되면 조였던 다른 나사들을 다 풀어내고 망가진 볼트를 뽑아낸 다음 처음부터 다시 조립해야만 하는 경우가 많았다. 그래서 나사의 산(야마)이 돈다는 것은 이만저만 화가 나는 일이 아니었다. 이런 이유로 화가 나는 상황을 빗대어 '야마가 돈다'라는 표현을 쓰게 된 것이다.

언론계에서는 야마를 다른 뜻으로 쓰기도 한다. 이 분야에서는 '기자가 기사를 통해 말하고 싶은 논지나 진행 방향'을 '야마'라고 하는데, 이를테면 기사를 송고했는데 핵심이나 주제가 빠지면 데스크로부터 '야마가 없다'라는 지적을 받게 된다. 같은 사건이라도 야마에 따라 기사의 관점과 논조가 달라지기 때문이다.

국어사전은 '야마'를 다음 두 가지로 정의하고 있다.
① 주로 '돌다'와 함께 쓰여, 머리를 속되게 이르는 말
② 기자들의 은어로 '기사의 주제나 핵심'을 이르는 말

꼭지

야마를 순우리말로 하면 '꼭지' 정도가 되겠고, 실제로 심하게 화가 났을 때 우리는 '꼭지가 돈다'라는 표현을 쓰기도 한다.

사용 예

• "선배님, 유치장에 있던 범인이 수갑을 풀고 달아났습니다."
  "아, 정말 야마 도네!"

• "박 기자, 이 기사 야마가 뭐야? 논조가 왜 이래?"

161
야매

야매는 '비합법적인 경로나 방식' 또는 '비공식적으로 이루어지는 은밀한 뒷거래'를 일컫는 말이다. 이를테면 '야매 성형시술'은 무자격자가 행하는 시술을 말하고, '야매 구입'은 과세를 피해서 은밀하게 구입하는 것을 말한다.

비합법적인 경로나 방식

야매는 일본말 '야미やみ, 暗'를 우리식으로 발음해서 쓰는 것인데, 일본어의 원 뜻은 '암거래', '어둠', '사려나 분별이 없음' 등이다. 예를 들면 일본에서는 암시장暗市場을 '야미이치바やみいちば'라고 한다.

은밀한 뒷거래

국어사전은 '야매'를 '뒷거래의 비표준어'라고 정의하고 있는데, 비표준어라기보다 일본말을 빌어다 변형해서 쓰는 속어라고 할 수 있다.

대체할 수 있는 순 우리말로는 '뒷거래'와 '불법'을 들 수 있다.

사용 예

- "어제 '예쁘니미용실'에서 야매로 눈썹 문신했는데 어떠니?"
  "보기엔 좋아 보이는데, 혹시 부작용은 없을까?"

- "보고 싶은 뮤지컬 입장권이 너무 고가라 망설였는데, 온라인 사이트에서 야매로 팔더라. 그래서 잽싸게 구입했지."
  "그거 아마 초대권 돌린 거 야매로 파는 걸 거야."

249

162
야지

야유

젊은이들 사이에서 누구를 야유하거나 핀잔을 줄 때 '야지를 놓는다'라는 표현을 쓴다. 야지やじ는 일본어로 '야유', '놀림', '핀잔'이라는 뜻인데, 우리가 여과 없이 그대로 가져와 속어로 쓰는 것이다.

일한사전에는 '야지やじ'가 '①야지우마やじうま, やじ馬'의 줄임말 ②야유, 놀림, 또는 그 말'이라고 나와 있다. 그리고 그 배경은 다음과 같다.

일본 에도시대에 '오야지우마おやじ馬'라는 늙은 말馬이 자신의 역할은 하지 않고 젊은 말의 뒤꽁무니만 따라다녔다. 그래서 사람들은 '제대로 영문도 모르고 떠들어 대는 군중이나 구경꾼'을 오야지우마라고 했으며, 오야지우마에서 '오'자를 빼고 야지우마라했다가 그 말을 줄여서 야지やじ라 하게 되었다.

국어사전에는 '야지'라는 말이 나와 있지 않고, 네이버 오픈 사전에는 '야지'가 '조롱 또는 훼방하는 말 등의 뜻을 가진 일본어. 야유, 조롱, 빈정대기 등의 우리말로 바꾸어 쓸 수 있다.'라고 나와 있다.

조롱

사용 예
• "사람을 앞에 두고 그렇게 온갖 야지와 면박을 주는 건 너무 심하지 않니?"
 "아니야. 그 사람은 워낙 뻔뻔한 사람이라 쫑코 좀 먹어도 싸!"

163
애매

무언가 확실하지 않거나 불분명할 때 '애매
하다'라는 표현을 쓴다.

희미하여
분명하지
아니함

국어사전은 '애매曖昧'를 다음 두 가지로 설명
하고 있다.

① 희미하여 분명하지 아니함.

② 희미하여 확실하지 못 함. 이것인지 저것인지 명확하지 못하
여 한 개념이 다른 개념과 충분히 구별되지 못함을 이른다.

'애매曖昧'라는 말은 순 우리말 같지만 사실은 일본어 '아이마이
あいまい'에서 유래한 것이다.

일본 사람들은 무언가 불분명하거나 불미스럽고 좋지 못한 것
을 표현할 때, '아이마이하다'라고 말하는데, 아이마이あいまい
를 취음取音한 한자가 曖昧애매이다. 희미할 曖자와 어두울 昧자
를 써서 '희미하고 어두운 상태'를 나타냈으나, 아이마이의 본
뜻은 상태뿐만 아니라 상황까지 모두 포함하는 좀 더 포괄적인
의미이다.

참고로, 무언가 불분명한 상황이나 상태를
말할 때 '애매모호하다'라는 표현도 많이 쓰
는데, 이는 '역전앞'과 같은 이중 표현이다.
즉, '애매모호하다'에서 모호는 애매와 같은
말로, '희미하게 보이는 모양'이라는 뜻의

251

일본어 '모꼬もこ'에 模糊라는 한자를 부여한 것이다. 따라서 애매모호는 무언가 불분명한 것에 대한 표현을 두 번 반복하는 것이다.

사용 예

• "이번에 개정된 법률은 기준이 애매하여 시행도 되기 전에 논란에 휩싸였다."

• "목표가 애매하면 하위 정책들은 더욱 모호해진다. 따라서 그 공약(公約)은 공약(空約)이 될 가능성이 매우 높다."

164
애자

전봇대나 전선 연결 부위에는 전기 누전 방
지를 위해 사기나 플라스틱으로 만든 절연
물체가 달려 있다. 이것을 애자碍子라고 부른
다. 대형 전신주에 붙어있는 것은 커다란 주
판알처럼 생겼고, 건물 안에 들어온 전선에
는 장구모양이나 무릎뼈처럼 생긴 애자가 달려있다.

**전신주의
절연체**

애자碍子라는 말은 일본말 '가이시がいし'를 일본식 한자로 표기
한 것인데, '전기가 통하는걸 꺼리게 하는 것'이란 뜻이다. 그것
을 우리가 그대로 가져와 쓰는 경우이다.

뚱딴지

국어사전은 '애자'를 '전선을 철탑 또는 전봇
대의 어깨쇠에 고정하고 절연하기 위하여
사용하는 지지물. 사기, 유리, 합성수지 따
위로 만든다.'라고 설명하면서 '뚱딴지'로 순
화하여 쓸 것을 권하고 있다.

사용 예
- "이번에 '장영실연구소'는 신소재를 이용한 고압전용 애자를 개발해서 전력공
  사에 납품하기로 했습니다."

253

165
에리

양복 윗도리, 와이셔츠, 블라우스 등 윗옷의 목 부분 옷깃을 '에리'라고 부르는 사람들도 많다. 그런데 이 말은 '옷깃' 또는 '목덜미'란 뜻의 일본어 '에리えり, 襟'를 그대로 가져와 쓰는 것이다.

일한사전은 '에리えり'를 '옷깃', '동정', '칼라'로 소개하고 있고, 국어사전은 '에리'를 '옷깃을 속되게 이르는 말'로 설명하면서 '옷깃'이나 '깃'으로 순화할 것을 권하고 있다.

우리말 '동정'의 정확한 뜻은 '한복의 저고리 깃 위에 조붓하게 덧대어 꾸미는 하얀 헝겊 오리'이다.

영어로는 옷깃을 '칼라collar'라고 하며, 요즘은 에리라는 말보다 칼라라는 말을 쓰는 사람들이 더 많아졌다.

옷깃, 칼라

사용 예

• "셔츠를 이틀 전에 빨았는데 땀을 많이 흘려 그런지 에리가 지저분하네."
"다른 거 입고 가라. 내가 세탁해 놓을 게."

254 우리말 속 일본어 205가지 바로알기

166
엑기스

국어사전은 '엑기스'를 '진액(생물의 몸 안에
서 생겨나는 액체)의 잘못'이라고 규정하고
있는데, 잘못이라기보다는 일본어 엑기스エ
キス를 그대로 가져와 쓰는 경우이다.

농축액

엑기스エキス는 일본 사람들이 영어 엑스트랙트extract를 자기네
식으로 발음한 것으로, 그 뜻은 '진액', '농축액', '추출물', '정수',
'진수' 등이다.

추출액

엑기스라는 말을 단독으로 쓰기도 하지만
다른 명사와 합쳐서 '무슨 무슨 엑기스'라고
하는 경우도 많은데, 이때는 '무슨 무슨 농축
액' 또는 '무슨 무슨 추출물'이라는 뜻이다.

엑기스라는 말이 '정수精髓'나 '진수眞髓'라는 뜻의 추상명사로 쓰
일 때는 '어떤 내용이나 일, 사건의 핵심만을 모아놓은 것'을 뜻
한다.

사용 예

- "농산물 축제장에 가서 매실 엑기스 두 병 샀는데 하나 줄까?"
"주면 고맙지."
- "이번에 역사 강의 누구 거 들을 거야?"
"신채호 교수님이 엑기스만 뽑아서 잘 가르친다는데 우리 그 강의 등록하자."

167

엥꼬

텅 빔

자동차의 연료가 다 떨어지거나 통장 잔고가 바닥났을 때 등 무엇이 모두 소진되었을 때, 흔히 '엥꼬가 났다'라는 표현을 쓴다.

엥꼬는 일본어 엔코えんこ를 우리식으로 발음해서 쓰는 것인데, 일본어의 본 뜻은 '어린아이가 털썩 주저앉아 버리거나 퍼져버리는 상황' 또는 '전차나 자동차 등이 고장 나서 움직이지 못하는 상황'을 일컫는 말이다. 이것을 우리나라에서는 연료나 비축물, 통장잔고 등이 바닥났다는 의미로 쓰고 있는 것이다.

속어이기 때문에 국어사전에는 '엥꼬'라는 말이 나와 있지 않지만, 우리말로는 '텅 빔'이나 '바닥 남'으로 순화할 수 있다. 엥꼬의 반대 개념으로 쓰이는 일본어투 속어는 '만땅'이다.

바닥남

사용 예

• "연료 게이지 보니까 그냥 가다간 엥꼬나겠어. 다음 번 휴게소에서 주유 좀 해야겠는데."

• "여보, 어머님 병원비 대느라고 이번 달 생활비가 엥꼬에요. 어떡하죠?"

256 우리말 속 일본어 205가지 바로알기

168
오뎅

생선살을 으깨어 소금과 밀가루, 전분 등을
넣고 뭉친 뒤 익혀서 묵처럼 만든 음식을 어
묵 또는 오뎅이라고 한다. 이 중 오뎅은 일
본어 '오뎅ぉでん'을 우리식으로 발음해서 쓰
는 것이다.

**어묵,
생선숙편**

하지만 정작 일본에서 오뎅ぉでん은 어묵 자체가 아니라 어묵을
무, 곤약 등과 함께 끓인 요리를 가리키는 말이다. 어묵 자체를
가리키는 일본말은 가마보코ゕまぼこ이다.

어묵은 나라마다 그 제조 방식과 맛이 조금씩 다르다. 우리나
라는 조선 숙종 때 쓰인 〈진연의궤進宴儀軌〉에 '생선숙편生鮮熟片'
이라는 음식이 나오는데 이것을 한국식 어묵으로 본다.

일제강점기에 일본식 어묵, 즉 오뎅이 우리
나라에 들어왔으며, 인천 부평시장과 부산
봉래시장에 차례로 어묵공장이 세워졌다.
그 후 6·25전쟁 때, 피난민이 대거 부산으
로 내려가자 부산의 어묵 산업이 호황을 맞았다. 그리고 전쟁이
끝난 후에도 '부산오뎅'은 전국의 포장마차를 통해 급속히 확산
되었고, 얇고 길쭉한 어묵의 대명사가 되었다.

> **사용 예**
> • "우리 퇴근길에 포장마차 들러서 오뎅이랑 떡볶이 먹을까?"

169
오봉

쟁반

국어사전은 '오봉'을 '쟁반(운두가 얕고 동글납작하거나 네모난 넓고 큰 그릇)의 잘못'으로 규정하고 있다.

'오봉'이 영어 '오븐oven'의 일본식 발음이거나 우리식 발음인줄 아는 사람들이 많은데 그렇지 않다. 오봉이란 말은 일본의 명절인 오봉おぼん과 관련이 있다.

일본의 오봉은 우리나라의 추석에 해당하는 명절로, 여름에 조상의 영혼을 모시는 날이다. 이 날은 일본 전통 민속행사와 '우란분盂蘭盆'이라는 불교 행사를 합친 형태의 행사를 치른다. 우란분盂蘭盆, うらぼん은 죽은 사람에게 음식을 바쳐 거꾸로 매달린 영혼의 고통을 구해주는 행사이다. 이 우란분을 일본사람들이 오란봉うらぼん으로 발음했고, 그것의 축약어가 오봉おぼん이다.

이처럼 원래는 '영혼구제 행사'가 오봉이지만, 그 행사 때 영혼에게 바치는 음식을 동글납작한 용기에 담아서 바쳤기 때문에, 차츰 '동글납작한 용기에 공물을 담아 영혼에게 바치는 행사'로 여겨졌고, 나중에는 아예 '동글납작한 용기' 자체도 오봉이라 하게 된 것이다.

조상의 넋을 기리는 명절로서의 오봉의 시기는 일본 내에서도 각 지방마다 조금씩 다르다. 원래는 음력 7월 13일에서 15일 사이에 지내던 명절이었으나, 메이지유신을 계기로 양력 8월 15일을 오봉으로 정했다. 하지만 도쿄 사람들은 양력 7월 15일에 오봉행사의 일환으로 성묘를 다녀오고, 오키나와 사람들은 음력 7월 15일에 오봉행사를 치른다.

동글 납작한 용기

사용 예

- "이거 남은 음식들은 어디에 담죠?"
  "거기, 수납장에 오봉 여러 개 있다. 그거 꺼내서 담아라."
  "예? 오봉이 뭐에요?"
  "수납장 열어봐. 맨 아래 칸에 둥근 쟁반 있어. 그게 오봉이야."

170
오야붕

우두머리

오야붕은 조직의 우두머리, 특히 폭력 조직의 두목을 가리키는 속어이다.

어원을 살펴보면, 일본식 한자 親分을 일본말로 읽은 것이 '오야붕おやぶん'이고, 일본식 한자 子分을 일본말로 읽은 것이 '꼬붕こぶん'이다.

이처럼 오야붕은 일본어를 그대로 차용한 것으로, 일본에서 오야붕은 부모처럼 의지하는 사람으로서의 우두머리를 일컫는 말이다. 주로 무사나 깡패 집단에서 혈연처럼 긴밀한 상하 관계를 확립하기 위해 이 말을 사용했다.

일본어에서 오야지おやじ는 성인 남자가 자기 아버지를 일컫는 말이고, 넓은 뜻으로는 남의 아버지도 오야지라 한다. 또 직장의 책임자, 조직의 연장자, 가게 주인, 노인 등을 친근하게 일컫는 말이기도 하다. 여기서 파생한 말이 바로 우두머리라는 뜻의 오야붕이다.

국어사전은 '오야붕'을 '두목(패거리의 우두머리)의 잘못'이라고 정의하고 있는데, 우리말 '두목'이나 '우두머리'로 순화할 수 있다.

두목

260 우리말 속 일본어 205가지 바로알기

참고로, 오야おや는 오야붕おやぶん의 줄임말이며, 우리나라에서는 공사현장 책임자나 계모임의 계주 등을 가리키는 말로 쓰고 있다.

사용 예

- "35년간 야마구치 구미를 이끌던 전설적인 오야붕 다오카 카즈오가 68세를 일기로 사망하자 후계 구도에 균열이 생기기 시작했다."
- "사람들이 운집한 장터에서 벌어진 그 싸움은 주먹패의 오야붕 쟁탈전인 것으로 밝혀졌다."

171
와꾸

기본 틀

우리나라에서 '와꾸'라는 말은 다양한 의미로 쓰인다. 어떤 물건의 기본 틀은 물론 건축 현장의 거푸집, 사람의 몸매나 외모 심지어 추상적인 내용, 이를테면 기획서 등의 기본 틀 까지도 '와꾸'라고 표현한다.

와꾸라는 말은 일본어 와쿠ゎく를 우리식으로 발음하여 쓰는 것으로, 일본어의 원 뜻은 '유화를 그릴 때 사용하는 천을 씌우지 않은 상태의 사각 틀'이다.

테두리

일본에서는 와쿠라는 말을 사람이나 추상적인 내용에는 적용하지 않고, 어떤 물건의 틀 또는 건축물의 틀이나 콘크리트를 부어 넣어 굳히는 테두리 등을 일컫는 말로만 사용하고 있다.

국어사전은 '와꾸'를 '틀을 속되게 이르는 말'이라고 정의하면서 '테두리' 또는 '틀'로 순화해서 쓸 것을 권하고 있다.

사용 예

- "김목수, 창문 와꾸 다 짰어요?"
  "큰 창문 두 개는 다 짰고요, 작은 창문 와꾸는 지금 짜고 있어요."
- "모든 일은 시작하기 전에 와꾸를 잘 잡아야 좋은 결과를 이끌어 낼 수 있다.

172
와리깡

와리깡은 일본말인데, 우리나라에서는 두 가지 의미로 쓰인다. 하나는 '할인'의 의미이고, 다른 하나는 '각자부담'의 뜻이다. 이 중 할인은 우리가 의미를 바꿔서 쓰는 것이고, 각자부담은 일본어 뜻 그대로 사용하는 것이다.

할인

일본어로 할인은 와리깡이 아니라 '와리비끼ゎりびき'이다. 우리가 할인의 의미로 쓰는 와리깡은 와리칸조우ゎりかんじょう의 줄임말인 와리칸ゎりかん의 우리식 발음이다.

와리칸조우는 '나누다'란 뜻의 와리ゎり와 '계산'이란 뜻의 칸조우かんじょう를 합쳐서 만든 말로, '나누어 계산한다' 또는 '각자 몫 계산'이라는 뜻이다. 영어의 더치페이에 해당하는 말이다. 따라서 우리나라에서 와리깡이 할인의 의미로 쓰이는 것은 뜻이 바뀐 경우이다.

각자부담

국어사전에는 '와리깡'이란 말이 나와 있지 않고, 일한사전에는 와리깡이 '갹추렴, 각자부담'으로 나와 있다.

와리깡을 그냥 '깡かん'으로 줄여 쓰기도 하는데, 속칭 어음깡은 어음 발행 금액에서 선이자를 떼고 현금으로 바꿔주는 것을 말

263

하며, 카드깡은 카드로 물건을 구입하는 것처럼 위장한 다음 가맹점에 일정의 보상액을 주고 현금을 받아쓰는 것을 말한다.

와리깡이라는 말 자체가 속어이듯, 할인이란 의미로서의 와리깡은 '비정상적 뒷거래 할인'이란 의미가 숨겨져 있다.

사용 예

• "부장님, 어음 와리깡이 뭐예요?"
  "어음 와리깡은 어음 만기일 이전에 대부업자나 은행 등에게 일정금액의 선이자를 내고 어음을 현금화하는 것을 말해."

173

와리바시

와리바시는 일회용 나무젓가락을 가리키는
말이다. 국어사전도 '와리바시'를 '나무로 만
든 젓가락'으로 규정하고 있다.

**나무
젓가락**

와리바시ゎりばし는 일본말로 '나누다'라는 뜻
의 와리(와루ゎり)와 젓가락을 뜻하는 바시(하시ばし)가 합쳐진
합성어이다. 직역하면 '쪼개어 쓰는 젓가락'이란 뜻이다.

젓가락이 처음 쓰이기 시작한 것은 약 3천여 년 전 중국에서인
것으로 추정된다. 초기에는 주로 제사 때 사용했으나 한漢나라
초기부터 식사 도구로 쓰이기 시작했다.

우리나라에서 젓가락이 쓰이기 시작한 것도 아주 오래됐다. 고
려가요 '동동'에 보면 '십이월 분디나무로 깎은 아! 차려 올릴 소
반의 젓가락 같아라. 님 앞에 들어 가지런히 놓으니 손님이 가
져다 입에 무옵니다. 아으 동동 아리'라는 구절이 나온다.

일본은 8세기 초, 나라奈良시대부터 젓가락
을 쓰기 시작했는데, 주로 나무젓가락을 썼
다. 그러다 17세기 초에 가운데가 살짝 붙어
있는 것을 두 쪽으로 쪼개어 사용한 다음 버
리는 일회용 나무젓가락 와리바시割箸가 등

장했다. 일본인들의 편리성 추구와 위생관념이 맞아떨어져서
탄생한 생필품이다.

중국에서는 길이가 긴 대나무 젓가락을 많이 사용하고, 우리나
라에서는 중간 길이의 쇠 젓가락을 많이 사용하며, 일본에서는
길이가 짧은 나무젓가락을 많이 사용한다.

사용 예

• "어떡하지? 김밥은 가져왔는데 깜빡하고 와리바시를 안 챙겨왔네."
  "내가 과일 먹으려고 일회용 포크 가져왔으니 그걸로 먹자."

174
와사비

와사비는 겨자, 후추, 고추와 함께 대표적인
매운맛 향신료이다. 일본인들이 즐겨 먹는
소스이며, 와사비란 말도 일본어이다.

**매운맛
향신료 중
하나**

우리나라에서는 와사비가 고추냉이와 같은
식물인 것으로 알려져 있고, 국어사전도 '와사비'를 '고추냉이
의 잘못'으로 규정하고 있지만, 엄밀히는 서로 다른 식물이다.
와사비를 겨자와 혼동하는 사람들도 있는데, 겨자는 겨자나무
의 씨를 말려 가루를 낸 것이고, 와사비는 겨자과의 식물인 와
사비의 뿌리를 갈아서 만든 향신료이다.

와사비わさび라는 일본말은 매운맛에서 유래했다는 설과 매운맛
과는 관련이 없다는 설로 나뉜다.
매운맛과 관련해서는 '톡 쏘는 혀울림'의 뜻을 가진 일본어 '와
루사와리 히비쿠わるさわり ひびく'의 줄임말이라는 설이고, 다른
하나는 와사비란 식물의 꽃이 접시꽃과 비슷하게 생겨서 접시
꽃이란 뜻의 '와사아후비早葵'로 부르다가 와사비가 되었다는 설
이다.

**고추냉이
양념**

식물로서의 와사비는 겨자과에 속하는 다년
초로, 뿌리는 연한 갈색을 띠는 푸른 껍질에
싸여 있는데 껍질을 벗기고 생으로 이용하

거나 말려서 가루로 사용한다. 향신료로서의 와사비는 생선의
비린 맛을 없앨 뿐만 아니라 음식의 풍미를 높이며 소화를 촉진
시킨다. 약용으로서의 와사비는 소염작용과 항균작용에 효과가
있고, 호흡기 질환과 심혈관 질환에 도움을 준다.

사용 예

- "일본의 초밥과 생선회에 빼놓을 수 없는 것이 와사비이다. 일본 사람들은 우리가 고춧가루 양념을 즐기듯 와사비의 매운 맛을 즐긴다."
- "생선회는 초장보다 와사비간장과 먹어야 제 맛이 난다."

175
와이로

뒤를 봐줄 것을 바라며 은밀히 건네는 뇌물
을 다른 말로 '와이로'라고 한다. 와이로わい
ろ는 일본말인데 우리가 그대로 가져와 쓰는
것이다.

뇌물

일본사람들은 뇌물을 한자로 뇌물회賄자와 줄뢰賂자를 써서 회
뢰賄賂라고 쓰는데, 회뢰의 일본식 독음賄音이 바로 '와이로わい
ろ'이다.

국어사전에는 '와이로'라는 말이 나와 있지 않고, 일한사전에는
'와이로わいろ'가 '뇌물賂物'로 나와 있다.

근거가 약하긴 하지만 '와이로'라는 말이 일본어가 아니라 우리
나라 말이라는 설도 있다. 즉, 개구리 와蛙자와 이로울 이利자,
백로 로鷺자의 음을 따서 만든 말이 '와이로'라는 것이다. 배경
설화는 다음과 같다.

옛날에 음치인 까마귀가 노래 잘하는 꾀꼬
리에게 노래 시합을 하자고 제안했다. 꾀꼬
리는 가당찮은 제안에 기가 찼지만, 3일만
연습하면 이길 자신 있다는 까마귀의 허세
를 꺾기 위해 제안을 수락했다. 그렇게 해서

269

백로가 심판을 보는 가운데 노래 시합이 이루어졌고, 뜻밖에도 까마귀가 이겼다. 심사결과에 승복할 수 없었던 꾀꼬리가 나중에 알아보니, 까마귀는 개구리를 잡아 백로에게 뇌물로 바쳤고, 뇌물을 먹은 백로는 일방적으로 까마귀 편을 들었던 것이다.

이 우화는 고려 말 대학자 이규보가 당시 뇌물과 청탁으로 타락한 음서제도를 비판하기 위해 창작한 우화인데, 여기서 와이로 蛙利鷺라는 말이 생겼다는 것이다.

사용 예

• "이번 입찰에서 우리 회사가 떨어지고 신일기업이 사업권을 따낸 것은 틀림없이 그 자들이 심사 위원들한테 와이로를 먹인 결과야."
"확실한 증거 없이 그런 말 하지 마. 요즘이 어떤 세상인데, 와이로를 먹이겠어. 들통 나면 완전 끝장인데."

— 176 —

왔다리갔다리

왔다리갔다리는 의사결정이나 일의 추진과
정에서 방향을 종잡지 못하고 이랬다저랬다
하는 행위, 또는 이쪽저쪽을 자주 넘나드는
것을 속되게 이르는 말이다.

**이랬다저랬다
하는 것을
속되게
이르는 말**

왔다리갔다리는 어감상 순 우리말 같지만, 이 말의 유래와 관련
해서는 다음과 같은 두 가지 설이 있다.

하나는 우리말과 일본어가 조합된 형태라는 설인데, 우리말 '왔
다'와 '갔다' 뒤에 일본어 접속조사 '다리たり'가 붙은 형태라는
것이다. 다리たり는 일본어로 잇따라 일어나는 비슷한 종류의
동작을 나열할 때 쓰는 접속조사이다. 그러므로 왔다리갔다리
는 왔다 갔다를 반복하는 것을 표현한 한일 합성어라는 설이다.

갈팡질팡

다른 하나는, 일본어 '잇타리키타리いったりき
たり'가 공교롭게도 '왔다 갔다'라는 뜻인데,
이 말이 우리말 왔다리갔다리와 음운구조도
비슷하고 뜻도 같아 그 영향으로 왔다리갔
다리라는 말이 생겨났다는 설이다.

두 가지 설중 어느 것이 정설인지는 알 수 없으며, 국어사전에
도 '왔다리갔다리'라는 말은 나와 있지 않다. 다만 왔다리갔다

리를 순우리말로 하면 '갈팡질팡' 정도가 되겠다. '갈팡질팡'의
사전적 의미는 '갈피를 잡지 못하고 이리저리 헤매는 모양'이다.

사용 예

• "정부의 교육 정책이 왔다리갔다리 하니 죽어나는 건 수험생들과 학부모지 뭐!"

• "줏대 없이 왔다리갔다리하지 말고 과감하게 결정 해. 더 생각해봐야 별 뾰족한 수
　가 없어."

177
요이 땅

경기나 놀이를 할 때, 시작을 알리는 신호 또는 구호로 '요이 땅'이라는 말을 쓰곤 한다.

준비, 시작!

그런데 '요이 땅'이란 말은 일본어를 그대로 가져와 쓰는 것으로, 일본어 '요이ようい'는 '마음을 먹다', '마음의 준비를 하다'라는 뜻이고, '땅どん!'은 북소리나 총소리를 나타내는 의성어이다. 따라서 '요이 땅ようい どん!'은 '마음의 준비를 하고, 땅!'이라는 뜻이다.

일제 강점기에 유입되어 자연스럽게 퍼진 말인데, 아무 생각없이 우리말인냥 쓰고 있다.

준비, 출발!

국어사전에는 '요이 땅'이란 말이 나와 있지 않고, 우리말로는 '준비, 시작!' 또는 '준비, 출발!'로 바꿔 쓸 수 있다.

사용 예

- "그 때는 요이땅! 신호와 함께 검정고무신을 손에 들고, 맨발로 모래 운동장을 신나게 달렸지. 1등하면 연필 한 타스를 상으로 탔어!"
- "오늘 밤 0시를 기해 새로운 선거법이 요이 땅 했습니다."

178
요지

**양지
(楊枝)**

치아 사이에 낀 이물질을 제거하는 가늘고 끝이 뾰족한 도구를 이쑤시개라 하기도 하고, 요지라 하기도 한다. 이 중 요지ようじ는 이쑤시개를 가리키는 일본말을 우리가 그대로 가져와 쓰는 것이다. 그런데 역설적이게도 이 말의 어원은 우리말 양지楊枝이다.

칫솔이나 이쑤시개가 개발되기 전, 우리 조상들은 버드나무 가지, 즉 양지楊枝를 다듬어 그것으로 치아를 청소했다. 그래서 이 齒를 청소하는 행위를 '양지질'이라고 했는데, 이 말이 차츰 양치질로 발음되면서 오늘날의 양치질養齒질로 바뀌었다. 그리고 버드나무가지를 가리키는 말 양지楊枝가 일본으로 건너가 요지 ようじ로 발음되면서 이쑤시개를 가리키는 말이 된 것인데, 우리가 그것을 역으로 들여와 쓰는 경우이다.

국어사전은 '요지'를 '이쑤시개의 비표준어'라고 규정하고 있다.

이쑤시개

참고로, 이齒를 '이빨'이라고 부르는 사람들도 많은데 국어사전은 '이빨'을 '이를 낮잡아 이르는 말'로 정의하고 있다.

사용 예

• "요지는 잘 부러지지 않는 대나무로 만드는 것이 보통인데, 요즘은 환경을 생각해서 녹말로 만든 요지도 많이 사용하고 있다."

274 우리말 속 일본어 205가지 바로알기

179
우라

우라는 옷의 안감을 일컫는 말이다. 국어사
전은 '우라'를 '안감(옷 안에 받치는 감)의 잘
못'이라고 규정하고 있다.

옷의 안감

일본말인 우라ぅら의 원 뜻은 '뒷면', '뒤쪽',
'옷의 안감', '겉과 반대되는 일' 등이다. 이것이 우리나라에서는
분야 마다 조금씩 다르게 쓰이고 있는 것이다.

우선, 일상생활에서는 국어사전에 나와 있
는 대로 '옷의 안감'을 이르는 말로 쓰고 있
다. 그리고 당구에서는 '뒤쪽'이라는 의미로
쓰여 우라마와시ぅらまわし는 '뒤쪽으로 돌려
치기'라는 뜻이다.

뒷면

반면 인쇄업계에서 '우라'라는 말은 '인쇄물의 뒷면'을 일컫는 용
어이다.

사용 예

- "여보, 이 양복 겉은 멀쩡한데 우라가 다 뜯어져서 버려야겠어요."
- "양복은 우라를 어떻게 박음질하느냐에 따라 옷의 형태가 반듯하게 잡히고, 쉽게 뒤틀리지 않는다."

180
우라까이

바꿔치기

신문업계에서 기사 마감에 쫓기어 다른 신문사의 기사 일부를 살짝 바꾸거나 조합해서 자기네 기사인 것처럼 내보내는 행위를 '우라까이'라고 표현한다.

방송업계에서는 남의 방송물을 적당히 외형만 바꿔서 방송하는 것, 즉 '베낌 방송'을 '우라까이 방송'이라고 한다.

국어사전은 '우라까이'를 '기자들의 은어로, 다른 기자가 작성한 기사를 적당히 바꾸어 자신의 기사로 만드는 행위'라고 규정하고 있다.

'우라까이'라는 말은 일본어 '우라까에 うらがえ'에서 유래했다. 일본에서는 양복이 낡아지면 옷을 뜯고 천을 뒤집어 다시 만드는데 그것을 '우라까에'라고 한다. 이처럼 '우라까에'는 '헌 양복을 뒤집어 다시 만드는 것'을 이르는 말이다. 그런데 그것을 우리나라에서는 '바꿔치기' 또는 '베끼기'란 용어로 사용하는 것이다.

베끼기

사실은 알고 보면 우라까에라는 일본말도 바른 일본어는 아니다. '뒤집기'의 제대로 된 일본어는 '우라카에시 うらがえし'이다.

일본어 우라うら는 '안감'이란 뜻이고, 카에시かえし는 '뒤집기'나 '돌려주기'란 의미이다. 따라서 우라케에시는 '안감 뒤집기'란 뜻이다. 이 말을 우리말처럼 만든 것이 '우라까이'이다. 우라까이의 적절한 우리말 표현은 '바꿔치기'이다.

사용 예

- "낡고 퇴색한 옷을 우라까이 해서 새 옷을 만들 듯 우리의 삶도 그렇게 해야 한다."
- "명색이 베테랑기자라는 사람이 그렇게 남의 기사를 우라까이해서 내보내면 후 배들이 어떻게 생각하겠어?"

181
우와기

**윗도리
겉옷**

아직도 윗도리 겉옷을 우와기라고 부르는 사람들이 많은데, 이는 우리말이 아니고 일본어를 차용한 것이다.

국어사전에 '우와기'라는 말은 없고, 일한사전에는 '우와기 うわぎ, 上衣'가 '①내복 위에 입는 겉옷 ②아래 위가 따로 떨어진 옷의 윗도리'라고 정의되어 있다.

일본말로 우에 うえ는 '상上'이라는 뜻인데, 복합명사로 읽을 때는 우와 うわ라고 읽는다. 우와야쿠 うわやく, 上役는 '윗사람'을 뜻하고, 우와아고 うわあご는 '위턱'을 뜻하고, 우와기 うわぎ는 '윗도리 옷'을 뜻한다.

참고로, 일본에서 우와기 うわぎ, 上衣의 반대말은 시타기 したぎ, 下着이며, 이 말은 윗도리 옷의 반대인 아랫도리 옷이 아니라, 겉에 입는 옷의 반대인 속에 입는 옷을 말한다. 하반신에 입는 옷이 따로 없고 남녀 모두 원피스 형태의 키모노 きもの를 입는 일본의 의상문화 때문에 생겨난 말이다.

사용 예

• "인호야, 날씨 춥다. 위에 두꺼운 우와기 입고 나가라."
  "할머니, 우와기가 뭐예요?"
  "위에 입는 겉옷 말이야."

182
유도리

고지식해서 융통성이 없는 사람에게 흔히 '유도리가 없다'라고 말하거나, 원칙에서 조금도 벗어나지 않으려는 사람에게 종종 '유도리 좀 발휘해라'라고 말한다.

융통성

유도리는 '상황에 따라서 융통성을 가지고 신축성 있게 일을 처리하는 것'을 이르는 말이다. 어감 상 우리말 같아서 순 우리말인 줄 아는 사람들이 많은데, 이 말은 '공간이나 시간, 정신, 체력, 금전 등의 여유'를 뜻하는 일본어 '유토리ゆとり'를 우리가 유도리로 발음하면서 '융통성', '이해심' 등의 의미로 사용하고 있는 것이다.

일본말로 '유토리 생활'은 '융통성 있는 생활'이란 뜻이 아니라 '여유있는 생활'이란 뜻이다. 그리고 유도리를 한자로 '有道理'라고 쓰기 때문에 이것이 중국식 한자인 줄 아는 사람들도 있는데, 중국 사람들이 쓰는 有道理는 '융통성'이란 뜻이 아니라 '일리가 있다'라는 뜻이다.

이해심

국어사전은 '유도리'를 '①형편이나 경우에 따라서 여유를 가지고 신축성 있게 일을 처리하는 것을 속되게 이르는 말 ②형편이나 경우에 따라서 일을 이리저리 막힘없이 잘

279

처리하는 재주나 능력'이라고 정의하고 있다.

바꿔 쓸 수 있는 적당한 우리말로는 '융통성'이나 '이해심' 등을 들 수 있다.

사용 예

- "안 돼요. 규정상 꼭 그렇게 해야 합니다."

  "이 사람아, 그렇게 유도리가 없어서 어디 큰 일 할 수 있겠어? 꽉 막힌 사람처럼 그렇게 굴지 말고 융통성 좀 부려봐."

  "아뇨, 어쭙잖게 융통성 부리다 탈나면 나만 큰코 다쳐요."

183
이빠이

물통에 물을 가득 붓거나 술잔에 술을 가득
따르라고 할 때, '이빠이'라는 표현을 쓴다.
또 운전대를 어느 한 쪽으로 최대한 돌리라
고 할 때, '이빠이 꺾어'라고 말한다. 이때 이
빠이는 '가득' 또는 '한껏'이란 뜻이다. 만땅
이 양을 나타내는 '가득'이라면 이빠이는 양뿐만 아니라 상태나
상황의 '가득'을 나타내는 말이다.

가득

이빠이는 한자어 '일배一杯'를 일본사람들이 '입빠이 いっぱい'로 발
음한 것인데, 우리가 그것을 이빠이로 변형하고 뜻도 바꾸어 쓰
는 것이다.
일본에서 입빠이 いっぱい, 一杯는 '한 잔' 또는 '한 그릇'을 뜻하기
도 하지만, '한 그릇에 한 번만 담고 더 주지 않음'이란 뜻이기
도 하다.

한껏

일본과 우리나라는 문화적 차이가 존재한
다. 우리는 덤이나 추가로 더 주는 것을 선
호하고, 그것을 미풍으로 여긴다. 그러나
일본은 주어진 양에서 추가로 제공하는 경
우는 드물고, 받는 쪽도 더 이상 요구하지
않는다.
그런 배경을 전제로 한 일본어 '입빠이一杯'가 우리나라에 들어

와서는 '가득', 혹은 '한껏'의 의미로 쓰이고 있는 것이다.

속어이기 때문에 국어사전에는 '이빠이'라는 말이 나와 있지 않고, 일한사전에는 '입빠이いっぱい'가 '①일배, 한 잔, 한 그릇 ② 한 그릇에 한 번만 담고 더 주지 않음'으로 나와 있다.

사용 예

• "꼴 보기 싫은 사람하고 하루 종일 같이 있었더니 스트레스가 이빠이 찼어!"

• "멋을 이빠이 내고 어디 가는 거니?"
 "응, 소개팅 있어서 꽃단장 좀 했어."

일본어 유래 사전

자꾸 ~ 진검승부

자꾸
자부동
짬밥
짬뽕
지리
진검승부

184
자꾸

**지퍼
(zipper)**

지퍼zipper는 요철凹凸의 금속 이齒를 이용하여 만든 여닫이 장치이다. 이러한 지퍼를 '자꾸'라고 부르는 사람들도 많다.

자꾸라는 말은 일본어 '잣쿠チャック'를 우리가 '자꾸'로 바꿔 쓰는 것이다. 1920년대 말, 미국의 한 지퍼 회사가 '책chack'이라는 상표로 지퍼를 출시했는데, 그것을 일본사람들이 '잣쿠'로 발음하면서 아예 지퍼를 가리키는 말로 사용하기 시작했다. 그 말을 우리가 우리 발음에 맞게 자꾸로 바꿔 쓰는 것이다.

1900년대 초, 미국의 고무덧신 제조회사 굿리치사社는 신상품으로 '신비의 장화'라 이름붙인 고무덧신을 팔고 있었다. 사장 버트램 G. 워크Bertram G. Wrok는 상품의 이름이 소비자들에게 강력한 인상을 주지 못한다고 생각하여 새로운 힘 있는 이름을 붙이기로 했다. 그는 궁리 끝에 천을 찢는 소리이기도 하면서 구어口語로 '힘'을 뜻하는 '짚zip'에서 따온 말 '지퍼zipper'를 고무덧신의 이름으로 붙였다. 그러자 사람들은 '지퍼'라는 상품명을 고무덧신의 이름으로 받아들이기보다는 덧신에 달린 새로운 여닫이 장치의 이름으로 받아들기 시작했다. 이렇게 해서 '금속 이가 서로 맞물려 잠가지고

열리는 장치'를 지퍼라 하게 된 것이다.

국어사전은 '자꾸'를 '지퍼(서로 이가 맞물리도록 금속이나 플라
스틱 조각을 헝겊 테이프에 나란히 박아서, 그 두 줄을 고리로
밀고 당겨 여닫을 수 있도록 만든 것)의 잘못'이라고 정의하고
있다.

사용 예

• "야, 바지 자꾸 내려갔다. 올려라."
  "아, 그래요? 근데 왜 지퍼를 자꾸 자꾸라 그래요?"

185

자부동

방석

자부동은 앉을 때 엉덩이 밑에 까는 깔개 중에서도 주로 헝겊 방석方席을 가리키는 말이다.

이 말은 면포 한 필을 접어 푹신하게 만든 깔개를 가리키는 한자어 좌포단座布団을 일본 사람들이 좌부동ざぶとん으로 읽은 것인데, 우리가 자부동으로 변형해서 쓰는 것이다.

일본은 불을 때서 방바닥을 따뜻하게 하는 온돌 문화가 아니라, 바닥에 돗자리를 까는 다다미 문화이다. 그래서 좌포단(자부동) 생활이 더욱 발달했고, 일제 강점기를 통해 그 문화와 말이 우리나라에 유입된 것이다.

국어사전은 '자부동'을 '방석'으로 정의하면서 고창, 남원, 무주, 임실, 군산 지방의 방언으로 소개하고 있으나, 우리나라 방언이 아니라 일본어의 잔재이다.

사용 예

• "인호야, 방바닥이 차다. 장롱에 있는 자부동 좀 꺼내 와라."

• "옛날에는 방석을 깔고 앉아서 술을 마시는 요정을 '자부동집'이라 부르기도 했다."

186
짬밥

짬밥은 원래 먹다 남은 밥이나 음식을 가리키는 한자어 잔반殘飯을 일본 사람들이 '짠판ざんぱん'으로 발음한 것인데, 우리가 짬밥으로 변형해서 쓰는 것이다.

잔반
(殘飯)

이처럼 원래는 '잔여 음식'을 가리키는 일본어 일반명사였지만, 우리가 '연륜'을 빗댄 추상명사로 쓰는 것은 군대문화에서 비롯된 것으로 추정된다.

오래 전 군대의 경제 사정도 좋지 않았던 시절, 밥도 계급 순으로 먹었는데 계급이 낮은 병사들이 먹게 되는 음식은 상관들이 먹고 남은 음식, 즉 거의 잔반殘飯 수준의 음식이었다. 이러한 춥고 배고픈 졸병 생활을 거쳐 상병이 되고, 병장이 되었다. 따라서 짬밥은 그냥 짬밥이 아니라 설움과 인고의 시간을 상징하는, 그리고 그 그릇 수에 따라 계급과 선후임이 갈리는 사연 많은 짬밥이었다.

경험이나 경륜의 장단을 빗댄 은어

이와 같이 처음에는 '군대에서의 설움 많은 졸병 밥그릇 수'가 복무기간의 장단長短을 빗댄 은어로 쓰이다가 그러한 군대 문화가 일반직장이나 사회생활에도 확산되어 '경험 또는 연륜의 장단'을 빗댄 말로 쓰이게 된 것이다.

국어사전은 '짬밥'을 '①잔반에서 변한 말로 군대에서 먹는 밥을
이르는 말 ②군대, 직장, 학교 등에서 사용되는 은어로 연륜을
이르는 말'이라고 정의하고 있다.

사용 예

• "그는 기자로서 짬밥이 아주 오래된 베테랑이다."

• "이 분야 짬밥으로 따지면 너는 나를 하늘처럼 모셔야 돼. 알았어?"

187
짬뽕

짬뽕은 각종 야채와 해산물을 기름에 볶고 육수를 끓여 면을 말아 만든 요리인데, 중국식 요리로 알려져 있다. 하지만 정작 중국에는 짬뽕이란 음식과 말이 없다.

중국 요리의 하나

짬뽕이란 음식과 명칭의 유래에 관해서는 다음과 같은 두 가지 설이 있다.

첫 번째 설은, 15세기 경 일본은 서양 문물을 받아들이기 시작했는데, 이때 나가사키 지방에 여러 나라의 음식이 들어왔다. 그리고 각 나라의 요리 재료를 뒤섞어서 만든 '짬뽕ちゃんぽん'이란 음식도 개발되었다. 이것이 우리나라에 들어와 짬뽕이 되었다는 설이다. 참고로 일본에서는 '징과 북소리의 혼합'도 '짬뽕 ちゃんぽん'이라 한다.

두 번째 설은, 중국 복건성 출신의 진평순陣平順이란 사람이 일본 나가사키에 거주하는 중국 유학생들을 상대로 각종 재료의 부스러기를 뒤섞어 중화면을 만들었는데, 이것이 일본인들에 의해 짬뽕ちゃんぽん으로 불리었고, 그것이 우리나라에 전래되어 짬뽕이 되었다는 설이다.

이상 두 가지 설 중 어느 것이 정설인지는 모르지만, 짬뽕은 여러 음식 재료를 섞어서 볶고 그 위에 얼큰한 국물을 부어 쫄깃

한 면을 말은 음식이며, 일본어 짬뽄ちゃんぽん이 우리나라에서
짬뽕으로 변했다는 내용은 공통적이다.

뒤섞기

짬뽕이란 음식의 특성이 '여러 재료를 뒤섞
었다는 것'에 주안점을 두어, 음식뿐만 아니
라 여러 가지가 뒤섞인 것이나 뒤섞인 상황
을 '짬뽕'이라고 표현하기도 한다.

국어사전은 '짬뽕'을 다음과 같이 두 가지로 설명하고 있다.
① 중국 요리의 하나. 국수에 각종 해물이나 야채를 섞어서 볶
　은 것에 돼지뼈나 소뼈, 닭뼈를 우린 국물을 부어 만든다.
② 서로 다른 것을 뒤섞음. '뒤섞기'로 순화

사용 예

• "비도 오고 출출한데 중국집에 가서 짬뽕이나 한 그릇 시켜 먹자."
• "그녀는 내 삶을 기쁨과 슬픔 그리고 고달픔이 하나로 뒤엉킨 짬뽕 인생으로 만들
　고 말았다."

188
지리

고춧가루를 넣어 얼큰하게 끓인 생선탕을 '매운탕'이라 하고, 고춧가루를 넣지 않고 맑게 끓인 생선탕을 '지리'라고 한다.

백탕
(白湯)

지리라는 말은 일본사람들이 즙汁을 지루じる 라고 발음했는데, 나중에 냄비요리 중 하나를 가리키는 말 지리 ちり로 변했고, 그 말을 우리가 생선요리 중 백탕을 가리키는 말로 차용한 것이다. 복지리는 복백탕을 말하고, 대구지리는 대구백탕을 말한다.

지리가 일본말이기 때문에 복지리가 일본 음식인줄 아는 사람들이 많다. 그러나 조선시대의 문헌 〈규합총서閨閤叢書〉등에는 복백탕 끓이는 요리법이 등장한다. 따라서 복지리는 일본에서 전해진 것이 아니라 이미 우리나라에서 즐겨 먹던 고유 음식이다.

맑은탕, 싱건탕

국어사전은 '지리'를 '대구나 복 등의 생선에 채소와 두부 등을 넣고 말갛게 끓인 탕'으로 설명하면서 '맑은탕'이나 '싱건탕'으로 순화할 것을 권하고 있다.

사용 예
- "과음한 다음 날에는 시원한 복지리가 최고지!"
  "맞아. 뜨끈하고 담백한 국물이 속을 확 풀어준다니까."

— 189 —
진검승부

생사 겨루기

국어사전은 '진검승부眞劍勝負'를 '진짜 칼로 이기고 짐을 가린다는 뜻으로, 건성이 아니라 본격적으로 겨뤄 흥미진진한 싸움을 이르는 말'이라고 정의하면서 '생사 겨루기'로 순화해서 쓸 것을 권하고 있다.

진검승부眞劍勝負라는 말은 한자로 되어 있어서 자칫 중국의 고사성어로 생각하기 쉽다. 그러나 이 말은 일본에서 유래한 말이다. 일본말로는 '신켄쇼부しんけんしょうぶ'라 하는데, 이것을 한자로 옮긴 것이 '진검승부 眞劍勝負'이다.

진검승부라는 말의 탄생 배경을 보면, 일본은 도쿠가와막부德川幕府 시대(1603~1867년) 이후 200년 동안 평화 시대가 지속되면서 무사계급들은 차츰 몰락해간다. 마침내 그들은 생계를 위해 차고 다니던 '진검眞劍'을 팔고 '목검木劍'을 차고 다니면서 거리의 장사꾼이나 왈패로 전락한다. 그러나 그중 일부는 야쿠자로 변신하여 무기가 없거나 목검을 든 사람들을 진검으로 위협하는 일이 종종 발생했는데, 이때부터 '진짜 칼을 들고 겨뤄보자'는 의미의 신켄쇼부, 즉 진검승부란 말이 생겨났다.

죽기살기로 임하는 싸움

우리나라에서는 1954년경부터 언론 기자들이 간헐적으로 쓰다가 1900년대 후반부터 사용 빈도가 늘어나면서 일반화 되었다.

간혹 '진검승부'를 '정정당당한 겨루기'로 오용하는 사례도 있는데, 본 뜻은 '죽기살기로 임하는 싸움'이다.

사용 예

- "이번 선거에서는 오래전부터 라이벌 관계로 지내온 두 후보 간의 치열한 진검 승부가 예상됩니다."

일본어 유래 사전

천정 ~ 추레라

천정
추레라

190

천정

천장

건물의 지붕 안쪽을 천장 또는 천정이라고 하는데, 정확히는 천장이 맞는 말이다. 즉, 하늘을 가리는 장(하늘 天, 막을 障)이라는 뜻에서 '천장天障'이라고 한 것이다.

그렇다면 천정이라는 말은 어디서 온 것일까? 일본어에서 온 것이다. 일본사람들은 천장이 우물처럼 생겼다고 해서 천정(天井—てんじょう 덴조)이라고 했는데, 이것을 우리나라 사람들이 여과 없이 받아들여 사용하는 것이다. '천정'이란 말은 국어사전에도 나와 있지 않다.

천장이라는 말 대신 '보꾹' 또는 '양상'이라는 유의어를 사용하기도 하는데, 이 말들은 '지붕과 반자 사이의 빈 공간'을 이르는 말이다.

흔히 물가가 계속 오를 때, '물가가 천정부지로 치솟는다'라는 표현을 쓴다. 여기서 '천정부지天井不知'는 일본어 관용구로, '천정을 모른다(덴조시라즈)'라는 뜻인데, 이 말을 '높이를 모른다'라는 의미로 빗대어 쓰는 것이다.

보꾹

사용 예

• "실내 천정(천장)이 높으면 창의력을 높이는데 도움이 된다는 연구 결과도 있다."
• "우리는 그 많은 밀기울을 죄다 누룩을 디녀 천정(천장) 속에 감춰 두기도 했다."

—— 191 ——
추레라

트럭 또는 트랙터의 뒷부분에 견인되는 무동
력 부수차附隨車를 보통 추레라라고 부른다.

부수차
(附隨車)

국어사전은 '추레라'를 '트레일러의 북한어'
라고 정의하고 있는데, 북한어라기보다 영
어 트레일러Trailer를 일본 사람들이 토레라トレ-ラ-라고 발음한
것을 우리가 '추레라'라고 경음화硬音化하여 쓰는 것이다.

국어사전에는 '추레라'라는 말이 나와 있지
않고, '트레일러'가 '동력 없이 견인차에 연
결하여 짐이나 사람을 실어 나르는 차량'으
로 나와 있다.

추레라를 굳이 우리말로 하자면 '부수차' 또는 '연결차' 정도가
되겠다.

사용 예
- "부산 울산 간 고속도로에서 1톤 화물 트럭이 앞서가던 추레라를 들이받고 전
  복되는 사고가 발생했습니다."

일본어 유래 사전

캄프라치 ~ 쿠사리

캄푸라치
쿠사리

192
캄푸라치

위장

캄푸라치는 약점 또는 감추고 싶은 것을 드러나지 않도록 살짝 가리거나 위장하는 것을 이르는 말이다.

국어사전은 '캄푸라치'를 '카무플라주(불리하거나 부끄러운 것을 드러나지 아니하도록 의도적으로 꾸미는 일)의 잘못'이라고 정의하고 있다. 우리말로는 '위장', '가림', '꾸밈' 등으로 순화할 수 있다.

캄푸라치라는 말은 '위장'을 뜻하는 프랑스 군사용어 '카무플라주camouflage—영어발음 캐머플라즈'를 일본 사람들이 '캄푸라치 カムプラチ'라고 발음한 것인데, 그것을 우리가 그대로 들여와 쓰는 경우이다.

일설에는 일본어 발음을 본 딴 게 아니라, 프랑스어 '카무플라주'를 우리나라 발음에 맞게 변형한 것이라는 설도 있다.

살짝 가림

사용 예
• "가오와 곤조로 버텨왔건만 간지 안 나는 인생. 자존심에 큰 빵꾸가 났는데 도대체 캄프라치가 안 되는구나!"

302 우리말 속 일본어 205가지 바로알기

193
쿠사리

쿠사리는 '면박'이나 '구박', '핀잔'을 대신하
는 속어이다. 누군가를 면박하거나 핀잔을
줄 때 속된 말로 '쿠사리 준다'라고 하고, 당
했을 때는 '쿠사리 당했다'라고 표현한다.

면박

쿠사리 〈さ, 腐り 라는 말은 일본어에서 온 것으로, 원 뜻은 '썩음',
'상하거나 썩은 정도', '부식' 등이고, 속어로는 '우울', '풀이 죽
음' 등이다. 그것을 우리는 '면박'이나 '핀잔'의 뜻으로 사용하고
있는 것이다.

면박이나 핀잔을 당하고 나면 쿠사리(우울해지거나 풀이 죽음)
상태가 되는데, 우리는 결과 보다는 원인에 초점을 맞추어 이
말을 쓰고 있다.

핀잔

국어사전은 '쿠사리'를 '핀잔(맞대어 놓고 언
짢게 꾸짖거나 비꼬아 꾸짖는 일)의 잘못'으
로 설명하고 있다.

사용 예

• "어제 집사람한테 쿠사리 엄청 먹었네."
 "왜?"
 "아침에 세수하고 얼굴 닦은 젖은 수건을 침대위에 던져놓고 나왔거든."
 "아이고, 쿠사리 먹을 짓 했네!"

일본어 유래 사전

타이루 ~ 타짜

타이루
타짜

194
타이루

장식용 점토판 조각

점토를 구워서 만든 얇고 작은 건축용 도자 기판을 보통 '타이루'라고 부른다. 이 말은 일본 사람들이 영어 타일tile을 '타이루タイル' 라고 발음한 것인데, 우리가 여과 없이 그대로 들여와 쓰는 경우이다.

국어사전에 '타이루'라는 말은 나와 있지 않고, '타일'이 '점토를 구워서 만든, 겉이 반들반들한 얇고 작은 도자기판, 벽, 바닥 따위에 붙여 장식하는 데 쓴다.'라고 설명되어 있다.

타일은 고대 그리스, 로마시대부터 건축용 마감재로 사용되어왔다. 다만 당시에는 오늘날과 같은 유약을 바른 타일이 아니라, 흙을 반죽해 유약 없이 고온으로 구운 테라코타나 자연석을 가공해서 만든 석재 타일이 대부분이었다.

오늘날과 같은 타일은 페르시아문화권에서 중국의 도자기를 모방하는 과정에서 탄생했으며, 오스만제국 때 세계적으로 보편화되었다.

사용 예

- "오후부터 건물 외벽 타이루 작업을 시작했는데, 갑자기 장대비가 쏟아져서 작업을 중단 해야만 했습니다."

306 우리말 속 일본어 205가지 바로알기

195
타짜

국어사전은 '타짜'를 '노름판에서 남을 잘 속이는 재주를 가진 사람'이라고 정의하면서 '타짜꾼'도 같은 말로 보고 있다.

어떤 분야의 달인

타짜라는 말은 일본어 '타쯔시야たっしゃ'에 부여한 한자 達者를 우리가 '타짜'로 변형해서 쓰는 것이다. 타쯔시야는 원래 어떤 분야의 '달인'이나 '명인'을 가리키는 말이다. 이것을 우리는 특히 도박판에서의 달인, 즉 노름판에서 남을 잘 속이는 재주를 가진 사람을 일컫는 말로 쓰고 있는 것이다.

도박의 명수

일설에는 타짜라는 말이 조선시대의 전통 도박판 투전投錢에서 도박꾼을 일컫던 말 '타자打子'에서 유래했다는 설도 있으나, 일본말 타쯔시야達者에서 유래했다는 설이 더 설득력이 있다.

2014년에 개봉된 한국영화 〈타짜-신의 손〉을 통해 '타짜'라는 말이 일반에 더욱 널리 알려졌는데, '달인'으로 바꿔쓰는 것이 좋다.

사용 예

• "전설적인 타짜 '짝귀'의 아들이자 고시생인 '일출'은 공부에는 흥미가 없지만 포커 판에서는 날고 기는 실력자다." - 영화 〈타짜〉 소개 글 중에서 -

307

일본어 유래 사전

하꼬방 ~ 히야시

하꼬방
함바집
혜존
호리꾼
후까시
후루꾸
히로뽕
히마리
히야까시
히야시

196
하꼬방

판잣집

하꼬방이란 말은 '임시로 지은 허름한 판잣집'을 낮잡아 부르는 비속어이다.
국어사전은 '하꼬방'을 '판잣집板子-의 비표준어'라고 정의하고 있다.

하꼬방이란 말은 '상자'를 뜻하는 일본어 '하꼬はこ'와 우리말 '방房'을 합쳐서 만든 합성어로, 상자처럼 작고 허름한 집이라는 뜻이다. 일본어 하꼬はこ에는 '상자'라는 뜻 외에 '보잘것없다'라는 뜻도 내포되어 있다.

처음에는 판잣집만을 하꼬방이라 했으나, 차츰 규모가 작은 단칸집이나 점방, 식당 등도 하꼬방이라 부르게 되었다.

규모가 작은 점방

요즘에는 디지털 미디어 환경에서 규모가 작은 인터넷 방송이나 유튜브 방송도 하꼬방이라 부른다.

사용 예

• 아버지는 번듯한 아파트를 놔두고 굳이 하꼬방 같은 시골집에 사시겠다며 고향인 청산도로 내려가셨다.

• "그는 처음에는 그곳에 혼자 하꼬방 같은 집을 짓고 고군분투했다. 터전이 마련되자 가족들이 이주했고, 이어 동생네 가족들도 합류했다."

310 우리말 속 일본어 205가지 바로알기

197
함바집

함바집은 건설현장 노무자들을 위한 임시
식당을 말한다.
국어사전도 '함바집'을 '건설현장에 마련되
어 있는 식당'이라고 정의하고 있다.

현장식당

함바집이란 말은 '밥 먹는 장소'라는 뜻의 일본어 '한바はんば飯場'
와 우리말 '집'을 합쳐서 만든 말 '한바집'을 함바집으로 변형해
서 쓰는 것이다.

처음에는 주로 교통이 불편한 벽지에서 토
목공사를 할 때나, 민가와 떨어진 광산 또는
벌목장 등에서 인부들의 식사를 위해 가건
물을 짓고 간단한 조리시설을 갖춘 간이식
당만을 함바집이라 했다. 그러다 지금은 지
역에 관계없이 노무자들을 위한 현장식당 모두를 함바집이라
한다.

사용 예

- "우리는 현장 함바집에서 점심을 먹고, 콤푸레샤를 고치러 인근 농기계센터
  로 갔다."
- 꿈 좇는 망치소리 / 흘러간 유행가 가락 / 밥솥에 서리서리 담아 / 오늘도 함바
  집 아주메 / 밥을 짓는다 – 김광인의 시 〈함바집〉 중에서-

311

— 198 —

혜존

**받아
간직해
주십시오**

자신의 저서나 작품 등을 남에게 헌정할 때,
'받아 간직해 주십시오'라는 뜻으로 상대의
이름 다음에 '혜존惠存'이라는 말을 쓰곤 한다.

국어사전도 '혜존惠存'을 "'받아 간직하여 주
십시오'라는 뜻으로, 자기의 저서나 작품 따위를 남에게 드릴
때에 상대편의 이름 아래에 쓰는 말"이라고 정의하고 있다.

혜존이라는 말은 일본어 '케이손けいぞん'에 한자 惠存을 부여한
것인데, 우리가 그것을 그대로 들여와 쓰는 것이다. 사실 혜존
惠存이란 한자어를 직역하면 '잘 받아 간직해 달라'는 뜻이 아
니라, 받는 사람이 '주신 작품을 은혜롭게 잘 받아 보존하겠습
니다'라는 뜻이다.

우리나라에서는 예로부터 자신의 글이나 서
예 작품 등을 스승 또는 윗사람에게 드릴 때
는 '아감(雅鑑-제 작품을 보여드립니다)' 또
는 '감하(鑑下-살펴보시고 가르침을 주십시
오)'라고 쓰고, 또래나 동학同學에게는 줄 때

**감하(鑑下),
청람(清覽)**

는 '청람(清覽-맑은 눈으로 한번 읽어주시게)'라고 써왔다. 그
런데 일제 강점기부터 우리식 표현을 놔두고 일본식 한자 혜존
惠存을 들여와 쓰고 있는 것이다.

312 우리말 속 일본어 205가지 바로알기

혜존惠存이라는 말 대신 간혹 혜람惠覽 또는 혜감惠鑑이라는 말을
쓰는 사람들도 있는데, 모두 같은 뜻이다.

사용 예

- "'혜존(惠存)'이란 말이 일본식 한자라는 것을 알게 되었기에, 이번 제 논문
부터는 '아감(雅鑑)'이라 쓰겠습니다. 부족하지만 살펴보고서 가르침을 주십
시오."

199

호리꾼

> **도굴꾼**

국어사전은 '호리꾼'을 '도굴꾼盜掘-의 비표준어'라고 정의하고 있다.

호리꾼이라는 말은 일본어 '호리ほり'와 우리말 '꾼'을 합쳐서 만든 말로, 고분 등의 도굴을 일삼는 사람을 가리키는 말이다.

일본어 호리ほり는 인공 수로水路나 성 둘레에 판 해자垓字를 뜻한다. 그리고 우리말 '꾼'은 특정 직업에 종사하는 사람을 낮잡아 부르는 접미사이다. 따라서 호리꾼의 어원적 의미는 '수로나 해자를 파는 일꾼'이란 뜻이다. 이것이 우리나라에서는 불법으로 고분 등을 파헤치는 도굴꾼을 일컫는 말로 쓰이는 것이다.

그런 반면, 정작 일본어로 도굴은 '도흐크츠とうくつ'이고, 도굴꾼은 '도흐크츠야盜掘屋'이다. '야屋, や'는 특정 직업인을 경멸하여 부르는 일본어 접미사이다.

사용 예

• "대한제국 말엽, 이토 히로부미가 통감(統監)의 지위를 이용하여 굴총업자(掘冢業者)들이 조선인 '호리꾼' 들을 부려 조선의 청자를 광적으로 수탈해가서 청자광시대(靑瓷狂時代)를 열었다." – 서울신문 2017년 4월 22일자 〈고미술품 유통 흑역사 '호리꾼'〉 중에서 –

314 우리말 속 일본어 205가지 바로알기

200
후까시

국어사전은 '후까시'를 '머리를 부풀려 풍성
하게 만듦. 또는 허세를 부림'이라고 정의하
고 있다.

허세

일상 생활에서는 실제보다 대단해 보이도록
잘난 척하거나 으스대는 행위를 '후까지 넣는다' 또는 '후까시
잡는다'라고 표현한다.

폼 재기

후까시라는 말은 '과시하다', '허풍을 떨다'
라는 뜻의 일본어 후카츠ふかつ를 우리가 변
형해서 것으로, '뭔가 힘이 있는 듯, 대단한
듯 모양새를 취하거나 폼 잡는 행위'뿐만 아
니라 '미약하고 약화된 상태에 활력을 불어

넣는 것'을 묘사할 때도 이 말을 쓴다.

후까시라는 말이 자동차 용어로 쓰이기도 하는데, 이 때는 '엔
진의 공회전 상태에서 가속 페달을 여러번 밟아 RPM을 높여주
는 행위'를 일컫는 말이다.

사용 예

• "야, 후까시 잔뜩 잡는다고 삽살개가 진돗개 되냐?"

• "한때 머리에 후까시 넣는 게 유행이었는데, 지금 보면 너무 촌스럽지. 요즘은
자연스런 웨이브를 선호하잖아."

201
후루꾸

엉터리

실제로는 실력이 없는데 거짓으로 역량을 갖춘 것처럼 행세하는 사람이나 그런 상황 또는 상태를 후루꾸라고 한다.

후루꾸라는 말은 '요행수'를 뜻하는 영어 플루크fluke를 일본 사람들이 '후루꾸フロック'로 발음한 것인데, 우리가 그대로 가져와 쓰는 것이다.

예전에는 주로 당구를 칠 때 실력에 비해 요행으로 점수를 얻었을 때 후루꾸라는 말을 썼는데, 지금은 일상에서도 '엉터리' 또는 '가짜'를 가리키는 비속어로 후루꾸라는 말을 많이 쓰고 있다.

속어이기 때문에 국어사전에는 '후루꾸'라는 말이 나와 있지 않고, '플루크fluke'가 '당구에서 운 좋게 공이 맞아 점수를 얻는 일'이라고 정의되어 있다.

요행수

사용 예

• "그들은 무허가 기관에서 발급한 후루꾸 허가증을 내걸고 영업을 해온 것으로 밝혀졌습니다."
• "그 사람 국회의원 보좌관 했다는데 완전 후루꾸야."

316 우리말 속 일본어 205가지 바로알기

202
히로뽕

1893년, 일본 도쿄대학 의학부 교수 나가이 나가요시는 천식약으로 사용하는 마황麻黃을 재료로 감기약을 개발하다 향정신성 물질인 메트암페타민methamphetamine을 발견했다. 그리고 그것을 인공으로 합성하는데도 성공했다.

필로폰

그로부터 8년 후, 일본의 '다이닛폰 제약회사'가 이 물질에 '히로폰ヒロポン'이란 이름을 붙여 각성제로 판매하기 시작했다. 히로폰이란 이름은 그리스어로 '노동을 사랑한다'라는 뜻의 필로포누스philoponus에서 따온 것이다.

그 후 세계 의학계는 이 물질의 학명을 히로폰의 영어 발음인 필로폰philopon으로 정했고, 우리나라에서는 일본 명칭인 히로폰의 한국식 발음인 히로뽕으로 부르기 시작했다.

국어사전은 '히로뽕'을 '마약의 하나. 무색 결정 또는 흰 가루로, 냄새가 없으며 남용하면 불면·환각 따위의 중독 증상이 나타난다. 메스암페타민의 상품명이다.'라고 설명하고 있다.

히로뽕은 인체에 투여하면 중추신경계에 강한 영향을 준다. 천연마약인 코카인과 달리 몸에서 대사되지 않고 오랫동안 남아서 각성효과를 내는데, 수치심이 사라지고 근육이 수축되어 성적 쾌감과 함께 행복감을 유발하기도 한다. 그래서 금지 마약임에도 불구하고 근절되지 않는 것이다. 상습 복용 시에는 전신쇠약, 불면, 식욕부진, 정신 분열증 등을 유발한다.

사용 예

• "경찰은 어제, 가짜 농장을 차려놓고 수백억 원대의 히로뽕을 밀조해온 마약 조직을 검거했습니다."

• "너 뽕(히로뽕의 준말) 맞았니? 왜 그렇게 정신 나간 사람처럼 멍하게 서있어?

203
히마리

기운 없이 축 늘어져 있는 사람을 보면 '넌 왜 그렇게 히마리가 없니?' 또는 매사에 의욕이 없어 보이는 남자를 보면 '사내대장부가 기백이 있어야지 그렇게 하마리가 없어서야 어디 가서 밥 벌어 먹겠어?'라고 말한다.

힘

이렇듯 기운이나 힘, 기백을 뜻하는 말 '히마리'는 일본어 '시마리しまり'의 변형이라는 설과 우리말 '힘+아리'에서 유래했다는 설 두 가지가 있다.

우선 시마리의 변형이라는 설에 따르면, 일본어 시마리しまり는 '꽉 조인 것', '긴장감', '야무짐' 따위의 뜻으로, 시마리가 없다는 것은 야무진 데가 없다는 뜻이다. 이러한 시마리를 우리나라 사람들이 우리식 발음에 맞게 히마리로 바꿔 쓰는 것이라는 설이다. 일부 사람들은 일본어 그대로 '시마리'라고 발음하여 쓰기도 한다.

기운

다음으로 우리말 '힘+아리'에서 유래했다는 설을 보면, 우리말 힘은 말 그대로 힘力이고, '아리'는 낮춤말 어미이다. 따라서 '힘아리'는 '힘'의 속어인데, 여기서 히마리라는 말이 생겨났다는 것이다. 이것은 히마리와 비슷한

319

말 매가리가 '맥+아리'에서 유래했다는 설과 맥을 같이 한다.

국어사전은 '히마리'를 '힘의 전남지방 방언'으로 소개하면서 어원이나 유래에 대해서는 밝히지 않고 있다.

사용 예

- "너 오늘 왜 그렇게 히마리가 없니?"
  "어젯밤에 잠을 설쳤더니 피곤해서 그래요."

- "이긴 또 와 이러노. 꿋발 안 서는 날은 오줌발도 이리 히마리가 없다니까네."
  – 김소진의 소설 〈장석조네 사람들〉 중에서 –

204
히야까시

일본말 히야까시ひやかし는 '희롱', '조롱', '집
적댐', '물건을 사지도 않으면서 가격을 물어
보거나 평가함' 등의 의미이다.

희롱

이 중 우리는 '집적댐' 또는 '희롱'의 뜻을 가
져와 주로 남자가 여자에게 집적대거나 희롱의 언행을 할 때 '히
야까시한다'라는 말을 쓴다.
대표적인 예로, 성희롱 개념이 희박하던 시절, 멋진 여성이 지
나가면 남자들은 휘파람을 불거나 괴성을 질러 희롱하곤 했는
데 이를 '히야까시 한다'라고 표현했다.

집적댐

국어사전에는 '히야까시'라는 말이 나와 있
지 않고, 일한사전에는 '히야까시ひやかし'가
'놀림', '놀리는 사람'으로 정의되어 있다.

히야까시를 시야까시라고 발음하는 사람들도 있는데, 규범 표
기는 히야까시이다.

사용 예

- "산살구 지레 터지듯 치마만 둘렀다 하면 처녀든 각시든 끌고 가 '히야까시' 수
준이 미친 개였다." – 신지견의 소설 〈용성진종조사〉 중에서 –

205

히야시

차게 한 것

흔히 차갑게 한 맥주나 소주, 음료 등을 달라고 할 때 '히야시(시야시) 된 걸로 주세요.'라고 말한다.

히야시(시야시)는 일본말 히야시 ひやし, 冷를 그대로 차용한 것으로, 일본어의 원 뜻은 '차게 한 것', '차게 함' 등이다.

일본에서는 냉모밀을 '히야시 소바', 냉소면을 '히야시 소멘', 차게 한 맥주를 '히야시 삐루'라고 한다.

이처럼 주로 차게 한 술이나 음료, 음식 등을 일컬을 때 쓰는 말 '히야시'가 사람의 상태를 표현할 때 쓰이기도 한다. 즉 어떤 사람이 '긴장하고 겁을 먹은 상태'를 '히야시 되었다.' 또는 '히야시 먹었다'라고 표현하기도 한다.

국어사전에는 '히야시(시야시)'라는 말이 나와 있지 않고, 일한사전에는 히야시 ひやし가 '차게 함', '차게 한 것'으로 나와 있다.

차게 함

사용 예

- "아줌마, 이 맥주 시원하지가 않아요. 히야시 이빠이 된 걸로 바꿔주세요."
- "그는 잔뜩 히야시 된 표정이 되어, 두 손을 앞에 모으고 주눅이 든 상태로 서 있었다."